本书编委会

编委会顾问：

曾亚非　中国国际贸易促进委员会商业行业分会会长
崔日明　中国国际贸易促进委员会专家委员会委员，教育部高等学校经济与
　　　　贸易类专业教学指导委员会秘书长，教授，博士生导师
储祥银　中国国际贸易促进委员会专家委员会委员，中国会展经济研究会常
　　　　务副会长，教授，博士生导师
刘振华　中国国际商会会员部部长
袁伟成　全球华人营销联盟副主席兼秘书长，新加坡营销协会主席
林少铭　全球华人营销联盟副主席，（香港）营销师公会主席
贺光辉　中华国际经贸研究学会副秘书长

编委会成员（按姓氏笔画排序）：

丁　烨　于　欢　王永联　韦有周　王　曦
刘亚平　肖　勇　张恩山　沈建军　李　璟
周　习　杨　勍　贺书锋　姚　莉　胡笑寒
姚　歆　贾利军　晏玲菊　高　霏　蒋荷新

出口商品展销与交易谈判教程

Export Exhibition and Trade Negotiation Coursebook

肖勇 贾利军 韦有周 姚歆 主编

北京大学出版社
PEKING UNIVERSITY PRESS

图书在版编目(CIP)数据

出口商品展销与交易谈判教程/肖勇等主编. —北京:北京大学出版社,2016.1
ISBN 978-7-301-26396-9

Ⅰ.①出… Ⅱ.①肖… Ⅲ.①出口商品—市场营销学—高等学校—教材 ②出口商品—贸易谈判—高等学校—教材 Ⅳ.①F769.2

中国版本图书馆 CIP 数据核字(2015)第 254197 号

书　　　名	出口商品展销与交易谈判教程 Chukou Shangpin Zhanxiao yu Jiaoyi Tanpan Jiaocheng
著作责任者	肖　勇　贾利军　韦有周　姚　歆　主编
责任编辑	朱　彦　杨丽明
标准书号	ISBN 978-7-301-26396-9
出版发行	北京大学出版社
地　　　址	北京市海淀区成府路 205 号　100871
网　　　址	http://www.pup.cn
电子邮箱	zpup@pup.cn
新浪微博	@北京大学出版社
电　　　话	邮购部 62752015　发行部 62750672　编辑部 021-62071998
印　刷　者	北京中科印刷有限公司
经 销 者	新华书店
	730 毫米×980 毫米　16 开本　14.25 印张　256 千字
	2016 年 1 月第 1 版　2024 年 1 月第 5 次印刷
定　　　价	58.00 元

未经许可,不得以任何方式复制或抄袭本书之部分或全部内容。
版权所有,侵权必究
举报电话: 010-62752024　电子邮箱: fd@pup.cn
图书如有印装质量问题,请与出版部联系,电话: 010-62756370

序 一

在全面贯彻落实《国家中长期教育改革和发展规划纲要》(2010—2020年)和《教育部关于全面提高高等教育质量的若干意见》(高教[2012]4号)的大好形势下,北京大学出版社适时推出国内第一本适用于国际经济与贸易专业的实务类教材《出口商品展销与交易谈判教程》。本书从国际贸易的重要环节——出口商品展销与交易谈判的实际应用出发,全面系统地阐述了该环节的基本原则、基本方法、基本步骤和营运策略,为国际经济与贸易专业的学生提供了一本难得的实践教学教材。

新时期,我国高等教育发展对经济与贸易类专业本科人才培养提出了新的目标,即"人才培养+科学研究+社会服务+文化传承创新"。其中,人才培养是核心,科学研究是基础,社会服务是方向,文化传承创新是引领。新常态下,虽然我国经济与贸易类专业存在不同区域、不同类型、不同层次的本科教育,但人才培养要服务于社会是共同的目标。经济与贸易类专业是应用性很强的专业,在做好基础理论和知识教育的前提下,要加大专业的实践教育,要围绕市场需求和经济发展的需要,开发新的课程,创新新的实践项目。

目前,教育部高等院校经济与贸易类专业教学指导委员会正与中国国际贸易促进委员会商业行业分会和中国国际商会商业行业商会合作,联合组织全国高校商业精英挑战赛国际贸易竞赛,以加强对学生实践能力的培养。《出口商品展销与交易谈判教程》的出版,为这项实践活动提供了培训指导的参考教材,非常及时和必要。

推动我国高等院校经济与贸易类专业人才培养事业的发展,是教育部高等院校经济与贸易类专业教学指导委员会的责任和使命,希望全国的同行们为我们的共同事业、为实现我们的共同目标而努力奋斗。

崔日明
(教授,博士生导师,教育部高等院校经济与贸易类
专业教学指导委员会秘书长)
2015年11月

序　二

我国经济的高速发展使得越来越多的国内企业调整发展战略,努力开拓国际市场,对外贸易迅速发展。然而,"十二五"期间,世界经济增速放缓,经济增长的不确定、不稳定因素增加,对外贸易面临着严峻挑战。新的挑战要求我们必须改革和探索新的人才培养模式,以服务为宗旨,以就业为导向,推进教育教学改革,及时将新知识、新方式、新手段引入新教材,以提高学生的适应能力。

《出口商品展销与交易谈判教程》将展销会与国际贸易的知识相结合,在这方面作了积极尝试。本书对出口商品展销与交易谈判的具体流程进行了精心设计,引入具体案例,并对案例进行解析,有助于读者较快地理解、掌握出口商品展销和交易谈判的基本内容和基本技巧。本书的出版将引起相关院校对开设国际贸易或会展管理专业新课程的思考,丰富国内高校国际经济与贸易类专业的实践教学内容,对企业参加进出口商品展销会的展位和发布会设计也有一定的指导作用。

近年来,作为中国国际贸易促进委员会设在行业中的贸促机构和国际商会组织,中国国际贸易促进委员会商业行业分会、中国国际商会商业行业商会根据我国《对外贸易法》第九章"对外贸易促进"的有关条款,积极组织开展国际贸易与会展管理等方面的教育培训活动,并从2011年起在国内首创了以出口商品展销与交易谈判为核心的国际贸易竞赛活动。目前,我们正与教育部高等学校经济与贸易类专业教学指导委员会深化合作,将全国高校商业精英挑战赛国际贸易竞赛培育成为我国国际贸易教育与会展教育领域的创新实践平台。本书的出版为参加竞赛的相关院校的师生提供了指导,借此能够提高竞赛的水准,保障创新实践的效果。

曾亚非

(中国国际贸易促进委员会商业行业分会会长)

2015年11月

序　三

当前,经济全球化和世界经济一体化加速发展,世界主要国家经济走势和政策分化,国际经贸环境错综复杂。我国经济正在向形态更高级、分工更复杂、结构更合理的阶段演化,经济发展进入新常态,需要推进更高水平的对外开放,加快构建开放型经济新体制。

经过三十多年的努力,一大批企业在改革开放的大潮中成长起来,为我国经济发展做出了巨大贡献。然而,与发达国家的跨国公司相比,我国企业国际化的进程还处于起步阶段,对国际经贸信息尚不能及时了解,对国际经贸规则还不能很好掌握,国际化、全球化运营的水平还比较低,尤为重要的是,还缺乏从事国际经贸活动的专门人才。

中国国际商会(CCOIC)是经国务院批准成立、由在中国从事国际商事活动的企业、团体和其他组织组成的全国性商会组织,是代表中国工商界参与国际商会(ICC)工作的国家商会,在开展与国际商会有关业务时使用"国际商会中国国家委员会(ICC China)"名称。中国国际商会以促进中外经贸交流与合作、代表中国工商界向国际组织和中外政府部门反映利益诉求、参与国际经贸规则的制定和推广、在企业界积极倡导社会责任与公益事业为宗旨,提供国际交流、法律咨询、市场信息、会展策划、项目招商和业务培训等各种服务,帮助中国企业更好地走出国门,走向世界。

适应我国经济发展进入新常态的要求,加快既有理论水平又有实际业务能力的国际经贸人才培养和培训,已成为高等院校以及广大企业的紧迫任务。人才培养离不开高水平教材的支撑,北京大学出版社出版的《出口商品展销与交易谈判教程》在这方面作出了新的努力。本书遵循国际商会最新发布的《国际商会促进商务谈判准则》(*ICC Principles to Facilitate Commercial Negotiation*),内容按照出口商品展销与交易谈判的业务流程精心设计,并引入了丰富的案例材料,将理论与实务有机结合起来,有助于读者较快地理解、掌握出口商品展销与交易谈判的基本内容和基本技巧。我相信,本书的出版将丰富我国高校国际经济与贸易、国际商务类专业教材的范畴,必将为我国国际经贸人才的培养发挥积极作用。

刘振华

(博士,中国国际商会会员部部长)

2015 年 11 月

前　言

　　商品展销与交易谈判,是现代国际国内商品销售必须经历的首个环节。无论当代国际贸易是传统模式还是互联网模式,都离不开"吸引客户眼球,洽谈交易条件"的"商品展销及交易谈判"。多年来,国际国内营销、贸易行业急需有实际工作经验、能从事商品展销与交易谈判工作的专业人才。针对这一市场需求,各位作者总结了多年从事进出口商品展销与交易谈判工作,指导、带领学生参加全国国际贸易技能竞赛的经验,撰写而成本书。

　　本书根据专业工作的业务要求,从"出口商品展销与交易谈判概述""主要出口展销商品的选择""展销商品供应商的选择与沟通""出口商品参展计划书的撰写""出口商品参展展位的设计及布置""产品发布会的设计与展示""出口商品交易谈判前的准备""出口商品交易谈判"八个方面,并结合大量实例,全面地论述了出口商品展销与交易谈判的基本概念、基本原则、基本方法、基本步骤和营运策略,有较高的实用价值。由于出口商品涉及面广、种类繁多,谈判的经验也与商品关联,因此不可能在书中对所有商品一一介绍,只能选择一些生活用品,介绍其展销与谈判,以获得举一反三之效果。

　　本书针对从事国际营销、国际贸易业务工作的人士,以及正在学习国际贸易、国际商务、市场营销、会展管理、国际物流等专业的高校学生,旨在帮助他们在出口商品展销与交易谈判工作中熟练地掌握出口贸易知识和技能、国际营销方法、国际结算和融资技巧、商品学知识、国际贸易运输的地理知识、国际贸易法律法规与政策;使他们具有国际商务礼仪礼貌意识,能娴熟地运作电子商务;培养他们根据进出口业务需要收集信息、编写方案、寻找客户的能力,根据贸易合同办理出口业务各环节所需手续和单证的能力,以及外贸外语应用及跨文化交流能力。

　　当前,我国高校的国际贸易、国际商务、市场营销、会展管理、国际物流等专业,都是应用性很强的专业,需要大量的实践活动相配合。但是,高校在这些专业的人才培养方面还缺乏大量有针对性的实践教学内容,这与人才市场对实际动手能力的要求相距甚远。虽然近年来贸促机构、国际商会等与教育部门联手,开展了全国国际贸易竞赛等专业实践活动,使学生的业务能力得到了很大的提高,但都没有被高校列为课程进行专门培训。上海海洋大学国际经济与贸易专业在2014年第一次将"出口商品展销与交易谈判"列为专业必修课,并与上海大学等兄弟院校联合编著本书,在应用型国际贸易人才培养方面作了一次大胆的尝试。

本书作者肖勇曾在国有进出口公司工作多年,其主编的教材《国际贸易与单证实务》荣获"2015年上海市高校优秀教材奖",其主讲的"国际贸易实务"课程是上海市教委的重点建设课程。肖勇与韦有周共同指导学生参加全国国际贸易竞赛,获得2012年度二等奖及校企合作奖。贾利军在上海大学从事国际贸易实务类课程的教学及科研工作,也具有丰富的竞赛指导经验,曾多年指导并带领学生参加全国国际贸易竞赛,多次获得全国一等奖。姚歆是国家职业分类大典修订工作专家委员会委员,长期从事行业教育培训工作,于2011年策划并组织以出口商品展销与交易谈判为核心的全国国际贸易竞赛活动。

本书的第一、三章由韦有周撰写,第二、七、八章由肖勇撰写,第四、五章由贾利军撰写,第六章由姚歆撰写。

在本书出版之际,要感谢上海伊诺斯国际贸易有限公司出口一部经理张迪华女生给予的帮助,感谢上海大学郦烨田、曾婷婷、章烨、胡凌寒、余舒、孙溢璠等获奖学生提供的资料,感谢中国国际贸易促进委员会商业行业分会和北京大学出版社给予的大力支持和帮助。本书在撰写过程中参阅了相关的书籍和文献,在此一并向有关作者表示衷心的感谢!

本书是上海市高校国际经济与贸易专业实践教学联盟规划教材,得到了上海市十所高等院校相关老师的支持,在此特别表示感谢!

由于编写时间较紧,编者水平和能力所限,书中难免存在遗漏和不妥之处,敬请读者原谅,并提出宝贵意见。

为便于高等院校教学和社会读者阅读,我们在中国商贸教育网(www.ccpit-edu.com)开设了《出口商品展销及交易谈判教程》教学资源专栏,可在此专栏下载相关素材。

2015年8月21日于上海

目　录

第一章　出口商品展销与交易谈判概述 …………………………（1）
　　第一节　出口商品贸易的业务流程 ……………………………（1）
　　第二节　传统出口商品展销与交易谈判 ………………………（8）
　　第三节　传统出口商品展销与谈判的商务礼仪 ………………（12）
　　第四节　传统出口商品展销与谈判的团队构成 ………………（15）
　　第五节　中国主要贸易伙伴国商人的谈判风格 ………………（16）

第二章　主要出口展销商品的选择 ………………………………（24）
　　第一节　出口展销商品选择的原则 ……………………………（24）
　　第二节　食品商品的展销选择 …………………………………（26）
　　第三节　纺织品、服装商品的展销选择 ………………………（28）
　　第四节　日用工业品的展销选择 ………………………………（31）
　　第五节　家用电器的展销选择 …………………………………（32）

第三章　展销商品供应商的选择与沟通 …………………………（36）
　　第一节　商品供应商选择的基本原则、渠道和评估 …………（36）
　　第二节　与商品供应商沟通的原则及方法 ……………………（40）

第四章　出口商品参展计划书的撰写 ……………………………（45）
　　第一节　商品参展计划书的作用及基本框架 …………………（45）
　　第二节　参展目标规划的撰写 …………………………………（46）
　　第三节　产业与产品市场调查的撰写 …………………………（47）
　　第四节　参展营销策略规划 ……………………………………（49）
　　第五节　展会策划 ………………………………………………（50）
　　第六节　参展财务预算 …………………………………………（53）
　　第七节　参展进度规划 …………………………………………（54）
　　第八节　参展计划书案例分析 …………………………………（55）

第五章　出口商品参展展位的设计及布置 ………………………（92）
　　第一节　出口商品参展展位设计理念 …………………………（92）
　　第二节　海报设计 ………………………………………………（97）

第三节　墙面设计 …………………………………………（102）
　　第四节　3D 电子展位设计 …………………………………（105）
　　第五节　商品布展 …………………………………………（106）
　　第六节　展位设计案例分析 ………………………………（109）

第六章　产品发布会的设计与展示 ………………………（122）
　　第一节　设计的原则与理念 ………………………………（122）
　　第二节　展示方式 …………………………………………（122）
　　第三节　产品卖点的挖掘 …………………………………（123）
　　第四节　人员的分工 ………………………………………（125）
　　第五节　突发情况的处理 …………………………………（125）
　　第六节　产品发布会设计案例分析 ………………………（126）

第七章　出口商品交易谈判前的准备 ……………………（132）
　　第一节　谈判材料的准备 …………………………………（132）
　　第二节　谈判策略的制订与选择 …………………………（133）

第八章　出口商品交易谈判 ………………………………（148）
　　第一节　出口商品交易谈判的方式和内容 ………………（148）
　　第二节　出口商品质量和数量的谈判 ……………………（153）
　　第三节　出口商品包装的谈判 ……………………………（158）
　　第四节　出口商品运输交货的谈判 ………………………（161）
　　第五节　出口商品保险的谈判 ……………………………（167）
　　第六节　出口商品价格的谈判 ……………………………（171）
　　第七节　出口商品支付方式的谈判 ………………………（183）
　　第八节　合同违约与索赔的谈判 …………………………（189）
　　第九节　出口商品买卖合同的签订 ………………………（194）

参考文献 ………………………………………………………（212）

附录　国际商会促进商务谈判准则 …………………………（215）

第一章　出口商品展销与交易谈判概述

第一节　出口商品贸易的业务流程

一、传统的出口商品贸易的业务流程

出口贸易业务涉及的环节众多,而且各个环节之间存在密切的联系,总的来看,基本的业务流程可以分为三个阶段:出口前的准备工作、洽谈和签订合同、履行合同。

（一）出口前的准备工作

出口前的准备工作主要包括组织经贸业务人员、收集产品和市场信息、制订出口商品经营方案、国际广告宣传、选择交易对象并建立业务关系等内容。

1. 组织经贸业务人员

为了保证出口贸易的顺利开展,企业应组建专门的出口贸易队伍,尽量做到年龄结构、知识和能力结构、性别结构的互补,具体应该包括外贸业务能力强、外语水平高、谈判能力强、熟悉法律法规以及现代办公手段的人员。

2. 收集产品和市场信息

商场如战场,知彼知己,才能百战不殆。尽可能全面、完整收集、整理、分析产品和市场信息是实现出口目标的必要条件。

产品信息收集主要包括:产品性能、价格、质量、包装、原材料、消费人群、产品在生命周期中所处的阶段;相关企业的生产能力、生产的技术水平和成本;该产品的市场供需状况、竞争和垄断程度;涉及该产品生产、贸易的法律、法规以及政策等内容。收集产品信息的目的在于了解并确定该商品贸易是否具有可行性、获益性。

市场信息收集的目的是对出口目标国家或地区经济大环境有一个总体的了解,预估可能的风险和效益情况。这具体包括:该国或地区的总体经济状况,生产力发展水平,产业结构特点,国家的宏观经济政策,货币制度,经济法律和条约,消费水平和基本特点,社会、政治、文化情况,与我国的经贸关系等。

调研方法主要有案头调查法和实地调查法,具体的途径包括:（1）一般性资料,如一国官方公布的国民经济总括性数据和资料,内容包括国民生产总值、国际收支状况、对外贸易总量、通货膨胀率和失业率等;（2）国内外综合刊物、数据库;(3)国际组织、行业协会、国外咨询公司的行情调查资料;(4)我国驻外使领馆的商务参赞处、国际商会等组织提供的资料;(5)利用交易会、各种洽谈会和客户来华做生意的机会了解有关信息;(6)派遣专门的出口代表团、推销小组等进行直接的国际市场调研,获得第一手资料。

3. 制订出口商品经营方案

出口商品经营方案是指根据国家的法律、法规和政策,从企业的经营意图出发,对所经营的商品作出的全面的业务安排。通常情况下,出口商品经营方案包括:

(1) 企业的预期目标

具体的出口方案取决于企业出口经营目标,是获取尽可能高的短期利润还是提高市场占有率。出口商品经营方案首先应予以明确。

(2) 商品和货源的基本情况

商品在国内的生产地、主销地、主要消费地;商品的特点、品质、规格、包装、价格、产量、库存情况。

(3) 国际市场和目标市场的供求情况

商品的全球生产、消费、贸易的基本情况以及发展变化趋势;目标市场的贸易情况,对商品品质、规格、包装、性能、价格等各方面的要求等。

(4) 商品经营的历史情况

我国和企业出口商品目前在国际市场上所占地位、主要销售地区及销售情况、主要竞争对手、经营该种商品的主要经验和教训等。

(5) 出口的计划安排和落实措施

出口的方式、渠道、价格条件、包装要求、运输安排、支付手段、结算方式以及其他可能存在的问题和解决方案。

4. 国际广告宣传

在发达国家市场,广告已成为销售成功的关键。因此,广告宣传对出口销售非常重要。企业应根据自己的目的,针对不同的市场和商品特点,设计合适的内容,选择有效的媒介,争取最大的宣传效果。

根据宣传媒介,广告的类型有纸媒广告(报纸、期刊、专业印刷品)、视听广告(电视、电影、广播、网络等)、户外广告(广告牌、车身广告、灯箱广告等)、邮寄广告(商品目录、样品等)、商品展览展示等。按照目的,广告可以分为促销商品的商品广告和塑造企业形象的企业广告。

5. 选择交易对象并建立业务关系

在对目标国进行市场调研的基础上,了解客户资信状况、资金规模、经营范围、经营能力、组织结构等情况,通过主动发函、发电子邮件等方式建立初步联系,确定潜在的客户,并通过洽谈建立业务关系。

(二) 洽谈和签订合同

出口商品贸易的洽谈一般情况下包括询盘、发盘、还盘、接受四个环节,可以通过面对面谈判、电子邮件、传真、网络视频等多种具体形式开展。

贸易双方通过洽谈、协商,对商品名称、规格型号、数量、价格、包装、产地、装运期、付款条件、结算方式、索赔、仲裁等内容达成一致后,就需要签订"购货合同"(或者销售确认书等),这标志着出口业务的正式开始。

(三) 履行合同

合同签订后,出口就进入履行环节,进出口双方应该严格按照合同规定履行各自义务,若有违反或者不履行,违约方将承担相关法律责任。合同中的条款决定了双方的权利与义务。一般情况下,出口方业务主要涉及货、证、船、款四个方面。

1. 备货

备货在整个贸易流程中具有举足轻重的重要地位,出口方需积极跟踪生产部门的生产状况,按照合同规定逐一落实,以确保货物按时、准确地发出。备货的主要核对内容如下:(1) 货物品质、规格,应按合同的要求核实;(2) 货物数量,保证满足合同或信用证对数量的要求;(3) 备货时间,应根据信用证规定,结合船期安排,以利于船货衔接;(4) 包装,应根据货物的不同选择包装形式(如纸箱、木箱、编织袋等)。如果遇到不能按时交货的状况,须将信息及时反馈给客户并作出相应调整。在备货的过程中,还应按照法律、法规的要求完成检验、检疫,获得相应证书才可以安排装运。

2. 落实信用证

在使用信用证方式结算货款的交易中,落实信用证是履行出口合同不可缺少的重要环节。落实信用证通常包括催证、审证和改证三项内容。如果信用证能较早开到,收到的信用证内容又与买卖合同的内容相一致,或虽有稍许出入,但我方能够接受照办的,自然就不需要进行催开和修改信用证的工作了。可是,在实际业务中,催开和修改信用证仍是需要经常进行的工作。审查信用证则不仅必须予以认真对待,而且是一项不可缺少的重要工作环节,若审证过程中不仔细,则可能造成无法交单,进而无法收到货款的严重后果。

3. 安排运输

备好货物和落实信用证以后,出口企业应该按买卖合同或信用证的规定,对外履行装运货物的义务。安排装运涉及的工作环节较多,若采用 CIF 术语,则主要包括托运、投保、报关、装运和发出装船通知书等重要环节。

通常情况下,外贸公司会委托货运代理机构办理运输,若采取海运方式,出口方应及时查看船期,填写出口货物托运单,在收到装货单时,意味着运输合同已订立。出口方在装船之前,应按照买卖合同或信用证的规定及时办理投保手续,并向所在地海关完成报关手续。出口货物经海关签字放行后,即可装船。装船完毕,由船长或大副根据装货的实际情况签发大副收据,出口企业可以凭此单据向船公司或其代理人换取海运提单。

货物完成装运后,出口方应及时将装运情况通知进口方,以便对方安排接货和支付货款。若采用CFR术语,出口方在订立运输合同后即应立刻告知进口方,以便对方有充足的时间办理保险。若因出口方未及时发出装运通知导致进口方未能及时投保,则会使进出口双方风险转移点和时间向后推迟。

4. 制单结汇

制单结汇包括制单和结汇两个环节。出口货物装船之后,卖方的进出口公司应立即按照合同、信用证的规定制单,即正确缮制、抄写各种单据,要在信用证规定的交单有效期内,持单向当地有关银行办理结汇手续。

出口单证通常包括:汇票、发票(如商业发票、海关发票、厂商发票、领事发票等)、提单、保险单、装箱单、重量单、检验证书、产地证明、普惠制产地证等。在缮制单据时,要注意做到各种单据的种类、内容和份数必须与信用证的要求完全相符,严格做到单证一致、单单一致、单货一致,并做到正确、完整、及时、简明、整洁、处理得当。

除采用信用证结汇外,其他结汇方式还有电汇、票汇、信汇等。由于现代通信和电子技术的迅速发展,电汇方式被越来越多的出口企业使用。

二、跨境电子商务贸易的业务流程

(一) 跨境电子商务发展简况

跨境电子商务是指分属不同关境的交易主体,通过电子商务平台达成交易、进行支付结算,并通过跨境物流送达商品、完成交易的一种国际贸易活动。跨境电子商务是一种新型的国际贸易形式,借助于互联网和国际物流,直接对接终端,满足客户需求,具有门槛低、环节少、成本低、周期短等方面的优势,已在全球范围内蓬勃发展,促进国际商品、服务与要素的自由流动。

商务部统计数据显示,2011年,我国跨境电子商务交易额约为1.6万亿元;2012年约为2万亿元;2013年突破3.1万亿元,到2016年将增至6.5万亿元,年均增速接近30%,远高于一般外贸7.6%的增速。[①] 我国境内通过各类平台

[①] 参见王惠敏:《跨境电子商务与国际贸易转型升级》,载《国际经济合作》2014年第10期。

开展跨境电子商务业务的外贸企业已超过 20 万家,电商平台企业超过5000 家。

(二) 跨境电子商务的主要模式(表1-1)

按照进出境货物流向,跨境电子商务可分为跨境电子商务出口和跨境电子商务进口。其中,跨境电子商务出口模式主要有外贸企业间的电子商务交易(B2B)、外贸企业对个人零售电子商务(B2C)与外贸个人对个人网络零售业务(C2C),并以外贸 B2B 和 B2C 为主。

按照运营模式,我国跨境电子商务可分为跨境 B2B 贸易服务和跨境网络零售两大类。目前,外贸 B2B 在我国跨境电子商务中占主导地位。外贸 B2B 企业主要依托阿里巴巴、环球资源、中国制造网、敦煌网等电商平台进行信息展示,电商平台帮助企业进行在线匹配和撮合。跨境网络零售模式可细分为两类:一类是电商企业建立独立的外贸 B2C 网站,如兰亭集势、易宝(DX)、唯品会等;另一类是电商企业入驻第三方外贸交易服务平台,在阿里全球速卖通、敦煌网、eBay、亚马逊(Amazon)等平台上销售商品。外贸 C2C 则主要是个人在 eBay等平台上开设网店。

表1-1 当前跨境电子商务的主要商业模式

模式	参与主体	交易特点	代表网站
B2B	企业与企业间交易	大批量、小批次、订单集中	阿里巴巴国际站、中国制造网等
B2C	企业与消费者间交易	小批量、多批次、面向众多顾客、订单分散	亚马逊、兰亭集势、阿里全球速卖通、敦煌网等
C2C	消费者与消费者间交易	小额商务交易	eBay(个人物品竞标)等

资料来源:鄂立彬、黄永稳:《国际贸易新方式:跨境电子商务的最新研究》,载《东北财经大学学报》2014 年第 2 期。

(三) 跨境电子商务的业务流程

从业务流程看,跨境电子商务主要由三部分组成:跨境电商平台、跨境物流公司、跨境支付平台。其中,跨境电商平台主要起到商品展示、信息沟通、在线匹配、在线撮合等作用,部分跨境平台还整合了报关系统、银行结算系统等,希望为跨境电商提供更全面的服务。跨境物流公司主要包括跨境货代公司、物流公司(TNT、UPS、FedEx、DHL、中国邮政等)以及提供清关等服务的中介公司。目前在跨境电子商务领域,银行转账、信用卡、第三方支付平台等支付方式并存。B2B 主要通过线下交易完成支付,以银行转账、信用卡支付为主;B2C、C2C则主要通过 PayPal、支付宝等第三方支付平台完成货款支付。

1. B2B 模式下的业务流程

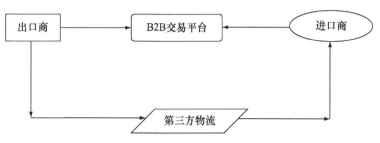

图 1-1　B2B 模式下的业务流程

在 B2B 模式下,不同的电商平台提供的具体服务有较大差别,具体流程可以分为"一站式"交易和"非一站式"交易。具体见下图:

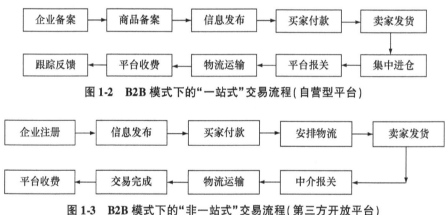

图 1-2　B2B 模式下的"一站式"交易流程(自营型平台)

图 1-3　B2B 模式下的"非一站式"交易流程(第三方开放平台)

从图 1-2、图 1-3 的交易流程来看,前者提供了包括物流、报关、结算等在内的较为全面的服务,而后者主要发挥了信息沟通、在线匹配、在线撮合的作用,物流、报关、支付等环节需要出口商自行或者委托货代等中介机构完成。

2. B2C 模式下的业务流程

图 1-4　B2C 模式下的业务流程

B2C 模式下,采用离岸电商(也可以在进口国设立在岸运营中心开展在岸服务)的方式开展出口业务。

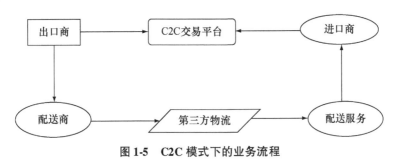

图 1-5　C2C 模式下的业务流程

C2C 模式下,主要采用类似淘宝的业务流程开展出口,可以视之为淘宝的国际版。

图 1-6　B2C、C2C 模式下的交易流程

图 1-6 描述了 B2C、C2C 模式下的交易流程,在这两种模式下,物流主要通过第三方国际快递来完成,支付多通过第三方支付平台来完成,清关手续则通过物流公司、中介机构来完成(海关一般对该模式下的跨境电商交易采取特殊的监管政策和关税制度)。

(四) 跨境电子商务的主要平台

B2B 平台:中国制造网、环球资源网、阿里巴巴、海商网等;

B2C 平台:敦煌网、兰亭集市、阿里全球速卖通、亚马逊等;

C2C 平台:eBay 等。

(五) 跨境电子商务存在的问题

跨境电商业务中的问题主要集中在物流、通关、支付三方面。物流方面的问题主要表现在配送时间过长、无法实现全过程追踪、退换货和清关障碍等方面。目前,国内企业开始试图通过在进口国建立海外仓、边境仓等手段来缓解配送时间长、退换货难等问题。通关方面主要涉及海关查验难、关税清缴和退税难等问题。目前,各国正在加强合作,制订国际统一的跨境电商的贸易规范,各国海关机构也在创新管理模式以适应跨境电商的发展。支付方面的问题主要表现在支付安全上,解决这个难题需要政府部门、电商平台、支付平台、跨境电商共同努力,建立一套规范完整的认证、支付体系。

然而，目前我国大部分的出口，特别是大批量产品的出口，还是通过传统的出口方式进行的，有很多企业愿意去参加各种国际出口商品展销会宣传自己的企业和产品；也有很多高等院校的学生愿意参加模拟展销会，把所学知识用于实践。因此，本书主要介绍传统出口商品展销需要做的工作，以及如何展开交易谈判，以供参加出口商品展销会的企业以及参加模拟展销会的学生参考。

第二节　传统出口商品展销与交易谈判

一、出口商品展销的意义和作用

（一）出口商品展销的意义

出口商品展销是指采用固定或者巡回的方式在固定地点公开展出企业产品，全面、客观、真实演示产品的各种性能，使客户能够全方位了解商品，激发客户订购意愿，进而达成贸易合同，实现促进商品出口的目的。

（二）出口商品展销的作用

随着会展业的发展，出口商品展销在企业出口营销战略中的地位不断突显，成为促进产品宣传和销售、树立企业形象的重要方式，其作用主要体现在以下几个方面：

1. 展示企业的产品

出口商品展销以直接向采购商、同行以及消费者展示产品的方式使产品的各种性能得以完整、全面地演示，还可以通过现场与客户面对面的沟通和交流，加深其对产品和企业的了解，激发采购商的订购意愿。

2. 降低交易成本

出口商品展销一般具有较强的针对性，产品的采购商、生产商以及各类中介之间形成了经济贸易交流的良好平台，企业可以在较短时间内与客户或者对产品感兴趣的目标客户群建立联系，进行洽谈，进而达成交易。相比其他出口促进方式，出口商品展销可以花费较少的时间、资金和精力，较大幅度地降低交易成本。

3. 促进产品出口

通过参加出口商品展销，企业可以利用展会平台接触现有的采购商以及潜在的客户，与客户建立联系，并通过产品展示与介绍、贸易洽谈达成合作意向以及出口协议，从而促进产品出口。

4. 树立企业良好的形象

企业在出口商品展销过程中,通过展位的设计、布置,以文字、图片、灯光以及各种现代展示手段,宣传企业的产品、技术、品牌、经营理念、企业文化等,从而塑造企业良好的形象,提高企业的知名度。

二、国内主要的商品贸易展会

(一) 广交会[①]

中国进出口商品交易会,又称"广交会",英文名为"Canton Fair",创办于1957年春季,每年春秋两季在广州举办,迄今已有58年历史,是我国目前历史最久、层次最高、规模最大、商品种类最全、到会客商最多且分布国别地区最广、成交效果最好、信誉最佳的综合性国际贸易盛会。

广交会以进出口贸易为主,贸易方式灵活多样,除传统的看样成交外,还举办网上交易会,开展多种形式的经济技术合作与交流,以及商检、保险、运输、广告、咨询等业务活动。

(二) 高交会[②]

中国国际高新技术成果交易会,简称"高交会",由商务部、科技部、工信部、国家发改委、教育部、农业部、国家知识产权局、中国科学院、中国工程院等部委和深圳市人民政府共同举办。自1999年首届举办以来,高交会每年在深圳举行,至今已连续成功举办了16届,是目前我国规模最大、最具影响力的科技类展会,有"中国科技第一展"之称。

高交会集成果交易、产品展示、高层论坛、项目招商、合作交流于一体,重点展示节能环保、新一代信息技术、生物、高端装备制造、新能源、新材料、新能源汽车等领域的先进技术和产品。经过多年发展,高交会已成为我国高新技术领域对外开放的重要窗口,在推动高新技术成果商品化、产业化、国际化以及促进国家和地区间的经济技术交流与合作中发挥着越来越重要的作用。

(三) 华交会[③]

中国华东进出口商品交易会,简称"华交会",创办于1991年,至今已经成功举办了25届。华交会是由商务部支持,上海市、江苏省、浙江省、安徽省、福建省、江西省、山东省、南京市、宁波市等9省市联合主办,每年3月1日至5日

---

① 相关资料来源于广交会网站:http://www.chinahmk.com/about.asp,2015年5月10日访问。
② 相关资料来源于高交会网站:http://www.chtf.com/liaojiegaojiaohui/zynr/,2015年5月10日访问。
③ 相关资料来源于华交会网站:http://www.eastchinafair.net/,2015年5月10日访问。

在上海举行,现已发展成为我国规模最大、客商最多、辐射面最广、成交额最高的区域性国际经贸盛会。

三、国际商品贸易谈判的含义、特点和基本原则

(一) 国际商品贸易谈判的含义

国际商品贸易谈判是指在国际商品贸易活动中,处于不同国家或者地区的贸易主体为了达成国际商品交易,彼此通过信息交流、磋商达成交易协议,实现互利共赢的行为过程。在这个过程中,贸易双方根据各自不同的需求,运用所获得的信息,就共同关心的问题进行磋商,协调双方的经济利益,谋求妥协,从而使对方感到是在有利条件下达成协议,促成交易。国际商品贸易谈判通常包括:货物部分的谈判,如标的、品质、数量、包装、检验等;商务部分的谈判,如价格、交货、支付、索赔等;法律部分的谈判,如不可抗力、仲裁与法律适用等。

国际商品贸易谈判是达成贸易协议,获得订单,完成产品出口的第一步,对于出口企业实现经营目标至关重要。因此,企业往往都十分重视国际商品贸易谈判这项工作。

(二) 国际商品贸易谈判的特点

与国内商务谈判、一般的国际商务谈判相比,国际商品贸易谈判的特点主要表现在以下几方面:

第一,国际商品贸易谈判以价格条款为核心。首先,商品价格的高低直接关系到贸易双方的利益。其次,品质、数量、包装、交货时间与地点、支付方式等商品贸易条款的谈判都与价格条款有密切的联系,如果订货量较大、支付方式对卖方有利,卖方往往愿意在价格上提供一定的优惠。因此,在国际商品贸易谈判过程中,出口方一方面要以价格为核心,尽量争取自己的利益;另一方面又不能仅仅局限于价格,可以围绕价格条款为自己争取在其他条款上的利益,尤其是在贸易双方处于谈判僵持阶段的时候。

第二,国际商品贸易谈判以国际商法为准则,以国际惯例为准绳。国际商品贸易谈判的主体涉及两个以及两个以上国家的当事人,国际商品贸易关系主要由国际商法和国际惯例来调整,因此谈判人员必须熟悉相关法律和惯例的条款。其中,自1988年1月1日起生效的《联合国国际货物销售合同公约》(*United Nations Convention on Contract for the International Sale of Goods*) 是与国际商品贸易关系最大,也是最重要的国家条约。国际商会制定的《国际贸易术语解释通则》(目前是INCOTERMS2010)、《跟单信用证统一惯例》(UCP600)、《托收统一规则》等国际惯例是国际商品贸易非常重要的规则。除此以外,谈判人员对

贸易各方所在国的法律也应该比较熟悉,比如我国的《合同法》、美国的《美国贸易法》、英国的《英国货物买卖法》等。

第三,国际商品贸易谈判涉及的条款多、要求高。在国际商品贸易谈判中,通常包括货物标的、品质、数量、包装、价格、运输、保险、支付、检验、索赔、不可抗力、仲裁与法律适用等众多条款。各条款之间有着紧密的联系,而且每个条款背后又均涉及很多细节问题。因此,国际商品贸易谈判人员在拟订合同条款时,应注意合同的完整、严密、准确、合理、合法,不可有所疏忽,以避免日后引起纠纷,落入对方设计的陷阱之中。

(三) 国际商品贸易谈判的基本原则

国际商品贸易谈判的基本原则是指谈判人员在谈判过程中应当遵循的一些共同认可的行为规则,它反映了谈判活动中的基本规律,具有普遍适用性。认知和把握基本的谈判原则有利于维护商品贸易谈判各方的权益,提高谈判的成功率。

第一,合法原则。合法原则是指国际商品贸易谈判活动必须自始至终遵守双方国家的法律、法规、国际法。这是国际商品贸易谈判必须遵守的根本原则,是谈判双方权益可以得到法律认可和保护的基本要求。具体来说,合法原则要求:一是谈判的主体合法,即参与谈判的人员要具有合法的资格;二是谈判的客体合法,即双方谈判和交易的对象应是合法的,不是国家所不允许交易的商品;三是谈判的手段和方式合法,即应采取合法、公平、公正的方式达到贸易的目的,拒绝通过暴力威胁、行贿受贿等方式达成协议。

第二,自愿原则。自愿原则是指各谈判方都是出于追求各自利益,完全自愿来参与谈判,并没有受到外来因素的胁迫。该原则还体现在谈判过程中,谈判方给予独立判断,自愿达成商品贸易协议并表示愿意按照这些协议履行自己的义务。只有贯彻自愿原则,才能使各方都获益,取得较为满意的谈判成果,也才能保证后续合同的有效执行。

第三,平等原则。平等原则是指国际商品贸易谈判的各方无论经济实力强弱、企业规模大小,谈判人员及所代表的企业的地位是平等的,谈判的基本规则是平等的。贸易协议的达成是各方相互协商和妥协的结果,各方对于贸易条件都拥有否决权,任何一方都不能以强凌弱,把自己的意志强加给对方。国际商品贸易谈判中不应该有任何不合理的要求和不平等的条件。

第四,互利原则。互惠互利是市场经济的基本原则,这反映在国际商品贸易谈判中就是互利原则,即谈判的目标应该是满足各方的基本利益。这是各方进行谈判的基础。谈判各方应该认识到自己所追求的利益只有在满足对方基本利益的情况下才能得以实现,片面追求自身利益最大化,而不尊重和照顾对方的基本利益,互利合作就无法实现。互利原则也要求各方在谈判过程中善于相互妥协,进而实现共赢。

不论是真实的出口企业还是模拟参展企业,在谈判时通常采用的语言是英语,本书除了介绍展销与谈判的基本礼仪外,还将在第八章介绍谈判的主要内容。

第三节　传统出口商品展销与谈判的商务礼仪

商品展销和谈判是经济活动、社交活动的统一,实现经济活动的目的时,必须处理好各方面的关系,尊重和礼遇客户和对方。因此,熟知和掌握有关的商务礼仪、礼节规范,也是商务活动的参与者必备的素质之一。

一、商品展销和谈判中的一般礼仪

商品展销和谈判中的一般礼仪是指在从事这些活动中相互问候、致意以及给予必要协助时一些惯用的表达尊重与礼遇的形式。

（一）打招呼

商品展销和谈判过程中,与参观者、客户在初次见面时要相互致意,统称为"打招呼",这是最简便、往往也是最重要的礼节。这个环节中有三个值得注意的问题:一是问候要有顺序,基本的准则是"位低的先行",即下级首先问候上级、主人先问候客人、男士先问候女士。在商品展销和谈判活动中,展销人员应该主动问候参观者和客户,让对方感受到温暖和热情。二是正确使用称呼,最安全的通用的称呼方式有:称行政职务、称技术职称、时尚性称呼(先生、小姐、女士)等,同时应该使用尊称,如"您""贵公司"等。三是内容有别,生人和熟人、中国人和外国人有别。与日本人打招呼通常的用语有"您好""请多关照"等,与中东地区信奉伊斯兰教的客户打招呼的第一句话是"真主保佑",与东南亚信奉佛教的客户打招呼的第一句话是"愿菩萨保佑"。

（二）介绍

介绍是商务活动中结识朋友、与客户建立良好关系的第一步。商品展销活动中,介绍一般包括自我介绍、业务介绍,贸易谈判中还包括介绍他人。

自我介绍时,尽量先递名片再介绍,态度要既热情又不卑不亢,内容要简单明了,一般应说明自己的姓名、身份、单位等,并表达出"欢迎对方前来参观"的愿望。

业务介绍时,要注意两点:一是要把握时机,要在客人感兴趣或想进一步了解的时候再介绍产品,不能强迫服务,破坏对方的心情。二是要掌握分寸,突出企业产品的优点和特色,按照"人无我有、人有我优、人优我新"的原则进行介绍。

介绍他人时,有男女之别,老幼、尊卑之分,一般遵循"尊者居后"的原则,按照男先女后、轻先老后、主先客后、下先上后的顺序,先把年轻的介绍给年长的,先把职务、身份低的介绍给职务、身份高的,先把男性介绍给女性,先把未婚的介绍给已婚的。

在商品贸易谈判中介绍主客双方的原则是:应先把主方的成员介绍给客方,而在身份等级不同的人之间,要依身份从高到低、年龄由大到小的顺序进行。

(三) 握手

握手已经成为国内外通用的交际礼节,一般是在相见或者离别时进行,表达欢迎、恭贺、致谢或者相互鼓励之意。

握手有先后顺序,一般的原则是:应该由主人、年长者、身份高者、女士主动伸出手,客人、年轻者、身份低者、男士见面时先问候,待对方伸手有握手之意时,再相迎握手。在特殊情况下握手又有所区别,比如在主、客人之间,在客人来的时候,一般是主人先与客人握手表示欢迎之意;而当离别时,应该是客人先伸手与主人握手,表示对主人接待的感谢之意,此时主人不可先伸手与客人握手,以免造成不欢迎客人继续谈话或者催促对方离开的误会。

在握手之时还应该注意以下几个问题:

第一,一定要用右手握手。对印度等国的客人来说,若以左手握手,则是极大的不礼貌。有时为了表达敬重或者亲近之感,可以用双手握住对方的右手。

第二,要紧握双方的手,时间一般以3—6秒为宜。当然,力度也要适中,过紧地握手或是只用手指部分漫不经心地接触对方的手都是不礼貌的。

第三,握手时应精神集中,双目注视对方,微笑致意或问好。切忌一面握手,一面注视他处或者与他人交谈,左顾右盼。多人同时握手时应按顺序进行,切忌交叉握手。

第四,在任何情况下拒绝对方主动要求握手的举动都是无礼的,当手上有水或不干净时,应谢绝握手,同时必须解释并致歉。此外,男士握手时应脱帽,切忌戴手套握手。

(四) 名片使用

作为个人用作交际的一种介绍性媒介物,名片既是身份的说明,也是开展进一步交际和商务活动的信息来源与手段,它在国际商品展销和谈判中是必不可少的。

名片的规格一般为长10cm、宽6cm,在内容上应该包括公司名、人名、联络方式(地址、电话、电子邮箱、传真等),也可以印上反映公司、产品特色的插图、标志、标语等。若是印制中英文双语名片,一般是将英文按规范格式印制于名片的背面。此外,也可以准备多种不同的名片以用于不同场合。

在参与国际商品展销和谈判时,切记要携带名片。名片的使用应该注意以下事项:

第一,名片应有专门的名片夹存放,名片夹最好是放置在上衣的口袋里,不能放在长裤的口袋里。

第二,对方前来参观时,应在对公司和产品简单介绍后,递出名片以方便对方进一步了解产品,同时表达为对方服务或者建立业务联系的愿望。

第三,对方离开时,可以请对方留下名片以方便进一步联系,接到名片后应端详片刻再装入名片夹或者上衣的口袋中,并表达感谢之意。

二、迎送与交谈礼仪

参加国际商品展销,工作人员必须掌握基本的迎送与交谈礼仪。

首先是工作人员的形象,主要是指在展览会上直接代表参展单位露面的人员的穿着打扮问题。在一般情况下,要求在展位上工作的人员统一着装,最好穿本单位的制服,或者是穿深色的西装、套裙。全体工作人员皆应在左胸佩戴标明本人单位、职务、姓名的胸卡。此外,工作人员不应佩戴首饰,男士应当剃须,女士则最好化淡妆。

展览一旦正式开始,全体参展单位的工作人员即应各就各位,站立迎宾。工作人员应将礼貌待人放在心坎上,并且落实在行动上,不允许在客户到来之时坐、卧不起,怠慢对方。当观众走近自己的展位时,不管对方是否向自己打招呼,工作人员都要面含微笑,主动地向对方说:"您好!欢迎光临!"

当客户在本单位的展位上进行参观时,工作人员可随行于其后,以备对方向自己进行咨询;也可以请其自便,不加干扰。对于客户所提出的问题,工作人员要认真作出回答,不允许置之不理或以不礼貌的言行对待对方。

当观众离去时,工作人员应当真诚地向对方欠身施礼,并道以"谢谢光临"或是"再见"。

在与客户沟通交流时,工作人员表情要自然,态度要和气,语言表述要得体,可以做适当的手势。交谈过程中,工作人员要学会聆听,多了解对方的需求,注意不要打断对方,并及时回复对方问题,遇到自己不太了解的问题时,可以请其他工作人员予以解答。

第四节 传统出口商品展销与谈判的团队构成

国际商品展销和谈判活动是涉及面广、要求高的系列活动。若要取得成功,除了企业的信誉、产品的质量外,参展班子的组成和人员分工及配合也直接关系到最终的展览效果。一个高效的参展小组,人员个体能力和素质应该较高,成员之间可以形成互补,共同构建强大的集体力量。

一、参展人员的选择标准

应该从基本素质、知识结构、能力结构等方面选择参展人员。

(一) 基本素质

参展人员的基本素质主要包括思想品德素质、心理素质、文化素质等,它是参展人员的内在素质。参展人员应该为人正直、作风正派、尊重别人,具有高度的纪律性,对事业有奉献精神;具有较强的工作责任心、事业进取心和自控能力;具有比较高雅的情趣,注重仪表和形象。

(二) 知识结构

参展人员的知识结构由多方面组成,包括礼仪知识、沟通交流技巧、营销知识、商品学知识、较高的外语水平等。参展人员如果在知识结构上有所不足,应该在参展前尽量补足。

一般的规律是,参展人员所学专业和会展的相关性越强,拥有的专业知识越多,也就越容易干好参展工作;同样,受教育程度越高,接受新事物的能力就越强。因此,在挑选人员时也可以考虑从学历、专业入手。

(三) 能力结构

参展人员除了具备基本的知识结构外,还要能够将知识转换为能力,在参展过程中灵活运用所掌握的知识。

参展人员应具备:(1)较强的协调能力,出口商品展销活动涉及的人、物、事较多,参展人员应该在发挥个体作用时,相互配合,共同完成工作任务;(2)表达能力,参展人员最主要的任务就是和客户沟通,较强的表达能力非常重要;(3)分析应变能力,展览期间会发生许多意想不到的情况,参展人员应能灵活应对,有较强的分析问题、解决问题的能力。

二、参展小组的构成

一个高效和强有力的参展团队,应该由多方面的人才组成,并且相互间要进行密切的配合。

(一)参展小组组长的确定

组长是参展的全权负责人,是参展成功与否的关键人物。他除了具备一般参展人员的基本素质外,还应该具备领导指挥、判断决策、综合协调的能力,具有较为丰富的参展经验,对参展工作和过程有很好的体会和认知。

(二)人员构成

参展小组应该包括销售人员、技术专家、法律人员、翻译人员、后勤人员等,他们分别负责产品的推介、疑难问题的解答、合同的拟订、口头和文字翻译、展会现场的服务及治理工作等。

(三)年龄和性别结构

不同年龄段的人具有不同的特质,男性和女性的个性、气质、特长、心理也各有不同,参展小组应该由不同年龄段的、包括男性和女性的人员组成,这样才可以各展所长,相得益彰,共同把参展工作做好。

第五节 中国主要贸易伙伴国商人的谈判风格

一、美国人的谈判风格

美国是当今世界经济上的超级大国,在国际贸易中有着举足轻重的影响。美国是个移民国家,人口流动性大、开放程度高、现代意识强,不受权威与传统观念的支配。这种社会文化历史背景,培养了美国人强烈的创新意识和竞争意识。同时,由于深受犹太民族追求商业利益的秉性的影响,他们重实际、重功利、重信用、重效率等。

美国人总是十分自信地步入谈判会场,不断地发表自己的见解和权益要求。美国人办事比较干净利落,他们总是兴致勃勃地开始谈判,乐意以积极的态度谋求自己的利益。和美国人开展商务谈判时,应特别注意以下几个方面的问题:

(1)和美国人做生意大可放手讨价还价,但在磋商中要注意策略,立足事实,不辱对方;若不同意美商的某些论点,可用美国人自己的逻辑进行驳斥,往往能收到很好的效果。

(2)绝对不要对对方的某一个人进行指名批评,把以前在谈判中出现过的摩擦作为话题,或者把处于竞争关系的公司的缺点罗列出来进行贬低,这些都是违反美国人的经商原则的。

(3)注意商品的包装与装潢,因为包装与装潢新奇、别致的商品往往能激起美国人的购买欲。

美国的中西部地区,包括俄亥俄、明尼苏达、密苏里等12个州,那里的人相对比较保守,同时他们比较朴素,喜欢交往,和蔼可亲。这一地区有个商业习惯,每年9月至11月,把一年所需的进货合起来一次采购。所以,如果同他们做生意,就要盯住这段"黄金时间"。

美国的西部地区,即太平洋沿岸,最突出的特点就是年轻。在这个地区内,必须亲自访问,亲自洽商,认真和对手谈判,才能有良好的结果。

美国的南部地区,包括得克萨斯以东的北卡罗来纳、田纳西、阿肯色、俄克拉何马等州以南的各州,共12个州。南部人常常以自己身为南部的后裔而自豪,他们同样和蔼可亲,待人很殷勤。他们比较直爽,但有时表现得稍微心急一些。

美国的东部地区,以纽约、华盛顿为中心。东部人做生意非常苛刻。同他们签合同时,要绝对注意用词的严谨,不让他们有机可乘。东部人不仅精明,而且很难讨价还价。

二、德国人的谈判风格

德国整个民族的特点是自信和高效。德国人非常自信,他们对本国的产品极有信心。在商务谈判中,他们常常会用本国的产品质量作为衡量的标准。他们在商务谈判中,坚持己见,权利与义务划分得清清楚楚。德国人还有一种名副其实的讲究效率的声誉。德国企业的技术标准极其精确,对于出售或购买的产品都要求最高的质量。如果同德国人做生意,一定要让他们相信自己公司的产品可以满足交易规定的各方面一贯的高标准。

德国谈判人员喜欢直接表示他希望做成的交易,准确地确定交易的形式,详细地规定洽谈的议题,全面地拟订一份涉及议题的报价表。他们陈述的报价都非常清楚、明确、坚决和果断。德国人的思维具有系统性和逻辑性,因此在谈判前往往准备得很充分、很周到、很具体。他们不仅要调查和研究你要购买或销售的产品,而且还要仔细研究你的公司,看你是否可以作为一个潜在的商业伙伴。德国人在资金上非常保守,不愿意冒风险。在商务谈判中,德国商人不仅讲效率,而且准备周详,喜欢在商谈前准确地做好谈判议程安排。

德国人不太热衷于采取让步的方式。因为德国人考虑问题周到、系统,准备充分,但又缺乏灵活性和妥协意愿,他们在谈判中倔强好胜,表现得较为固执,难以妥协,因而在交易中很少让步。同时,德国人经常在签订合同之前的最后时刻试图让你降低价格。这时,你必须有所提防,或者拒绝,或者作出最后的让步。

德国人有"契约之民"的雅称,他们会严守合同信用。因此,他们对合同条文研究得比较仔细,要求谈判协议上的每个字、每句话都十分准确。他们重合同,讲信誉。一般来说,订了合同之后,他们就绝对会履行,不论发生任何问题,决不毁约。

德国人有很强的时间观念,他们在签订合同之后,对交货日期或付款日期严格遵守,任何宽延或变更的要求都是不会被理睬的。

德国人在交谈中很讲究礼貌,他们比较看重身份,多以"先生""小姐""夫人"等称呼相称。

德国人爱吃油腻食品,且口味偏重,香肠、火腿、土豆是他们最爱吃的东西。他们还爱喝啤酒,但在吃饭、穿衣、待客方面都崇尚节俭。给德国人赠送礼品,务须审慎,应尽量选择有民族特色、带文化味的东西,忌讳茶色、黑色、红色和深蓝色。

三、法国人的谈判风格

法兰西民族在近代史上有其社会科学、文学、科学技术上的卓越成就,民族自豪感特别强,他们具有戴高乐式的依靠坚定的"不"字谋取自己利益的高超谈判本领。法国人认为法语是世界上最高贵的语言,因此在商务交往中,法国商人有一个十分独特的地方,就是坚持要求使用法语。法国人天性比较开朗,比较注重人情味,所以他们非常珍惜交易过程中的人际关系,这种性格也影响到商业上的交往。

法国商人惯用横向式谈判。他们在摸底阶段很坦率,洽谈时能够提出具有建设性的意见,先为协议勾画出一个大致的轮廓,然后再达成原则性协议,最后确认谈判协议上各个方面的内容。洽谈中,可以多谈一些关于社会新闻和文化艺术等方面的话题,以活跃洽谈的气氛,制造出富有情感的氛围。

法国人大都着重于依赖自己的力量,依靠自己的资金从事经营,而较少考虑集团和社会的力量,因此他们办事不勉强,不逾越自己所拥有的财产范围。法国人的时间观念不是很强,在公共场合如正式宴会,有种非正式的习俗,那就是主客身份越高,他们就会来得越迟。法国的时装领导世界潮流,男士和女士都穿戴得极为考究。

另外,每年的 8 月份,法国全国都在放假。法国人喜欢度假,任何劝诱都无法使法国人错过一个假期来谈生意。

法国人爱花,百合花是法国的国花。他们忌送给别人菊花、杜鹃花、牡丹花、康乃馨和纸做的花。

法国人喜欢有文化和美学素养的礼品,唱片、磁带、艺术画册等是他们最欣赏的礼品。公鸡是法国的国鸟,它以其勇敢、顽强的性格而得到法国人的青睐。对于色彩,法国人有着自己独特的审美观,他们忌黄色、灰绿色、喜爱蓝色、白色和红色。

四、英国人的谈判风格

英国是世界上第一个进入工业化的国家,曾经是世界上的头号经济大国。在二战后,英国经济发展迟缓,国力相对下降。但是,英国人有一种"曾经称霸过"世界的大国民意识,相信自己的行为完美无缺。

英国是一个由四个民族组成的岛国,在民族感情上有些微妙之处。英国现在仍是君主制的国家。因此,虽然英国各地区有某些共同的特质,但又有自己的一些特点。在商务谈判中,英国人事先的准备往往很差,这表现为英国的产品经常推迟交货。这使得英国人在涉外洽谈中很被动,经常不得不接受一些显得有点苛刻的交易条款。

英国的谈判者有一个弱点,即除了说英语以外,不会其他语言。在与英国人做生意时,最好尽可能使用英语。

英国人在谈判中比较灵活,愿意让对方得知有关他们的立场和观点的信息。他们能够提出积极性意见,并对别人提出的建设性方案作出积极的反应。

英国人比较讲究绅士风度,如果能在谈判中显示出你很有教养和风度,就会很快赢得对方的尊重,并为谈判成功打下良好的基础。同时,英国人的等级观念是非常严格而深厚的。英国人善于交往,讲究礼仪,对人比较友善,容易相处。

英国人的家庭收入比较高,生活比较优裕。在夏季以及从圣诞节到元旦这段时间内,英国人较少做生意。如果你要与英国人洽谈生意,就要注意避开这些节假日。在英国从事商务活动,对以下特殊礼俗和禁忌应加以注意:

(1)不要随便去英国人的家里,但若受到对方的邀请,则应欣然而往。

(2)给英国女士送鲜花时,宜送单数,不要送双数和 13 枝,不要送英国人认为象征死亡的菊花和百合花。

(3)不要以英国皇室的隐私作为谈资。英女王被视为其国家的象征。

（4）忌用人像作为商品的装潢。英国人喜欢蔷薇花,忌白象、猫头鹰、孔雀等商标图案。

（5）英国人最忌讳打喷嚏,他们一向将流感视为一种大病。

五、俄罗斯人的谈判风格

俄罗斯是一个重礼好客的多民族国家,其礼俗兼有东西方礼仪的特点。俄罗斯人整体文化素质很高,许多家庭都有极丰富的藏书。如果你对俄罗斯的文化和艺术作过研究,他们便会非常尊重你,这会给谈判创造出友善的气氛。

俄罗斯人很注意仪表,爱好打扮。他们在公共场合比较注意举止,从不把手插在口袋或袖子里,也不轻易地脱下外衣。他们的见面礼节是亲吻与拥抱,即使在商务活动中也是如此。俄罗斯人有"四爱",即爱喝酒、爱吸烟、爱跳舞和爱运动。俄罗斯人做事断断续续,办事效率特别低。谈判时,他们常常把许多专家带到洽谈会议中,扩大了谈判队伍,拖长了谈判时间。俄罗斯人做生意比较谨慎。在谈判桌上,他们从不吝啬时间,擅长讨价还价,在生意场上显得有些拖沓。

俄罗斯人虽有拖拖拉拉的作风,但在谈判桌前绝对精明。俄罗斯人常常在谈判前经过充分准备,不容易改变自己的看法。他们深深懂得如何在交易中以少换多。在进行价格洽谈时,无论对方的价格多么低,他们总是不会接受你的第一次报价。所以,在洽谈过程中,你要具有一定的灵活性。你可以事先特地为俄罗斯人印好一份标准价格表,这份表上的所有价格实际上都有适当的溢价,这就能给后面的洽谈留下余地。

和俄罗斯人交往,应特别注意一些特殊礼俗与禁忌。日常交往中,主动问好是起码的社交礼仪。在称呼上,"您"用来称呼长辈、上级和熟识的人,以示尊重;而"你"则用来称呼自家人、熟人、朋友、平辈、晚辈和儿童,表示亲切、友好和随便。送礼和收礼都极有讲究。俄罗斯人忌讳别人送钱,认为送钱是一种对人格的侮辱。但是,他们很爱外国货,外国的糖果、烟酒、服饰都是很好的礼物。如果送花给俄罗斯人,要送单不送双,双数是不吉利的。俄罗斯人对颜色的好恶和东方人相似,喜红忌黑;对数字,他们却和西方人一样,忌讳"13",但对"7"这个数字却情有独钟。俄罗斯人豪爽大方,忌讳别人说他们小气。俄罗斯人特爱整洁,随便乱扔东西会受到众人的鄙视。他们喜欢向日葵商标图案。他们还忌讳以历史上某些有争议的领袖人物及当前的改革等作为话题。

六、日本人的谈判风格

日本人的文化深受中国儒家文化的影响,有很强的事业心、进取精神,工作勤奋刻苦,态度认真且一丝不苟,事前的准备工作充分。

日本人经商带有典型的东方风格,一般比较慎重,有耐心,自信心、事业心和进取心都比较突出。与日本人谈判应注意下列几点:

(1) 日本人重视礼节和礼貌,与日本商界打交道,要注意服饰、言谈、举止的风度。日本大多数成年人都有名片。名片实际上是一种介绍信,把自己的有关情况介绍给对方。

(2) 日商一般都具有较高的文化素质和个人涵养,能自如地运用"笑脸式"讨价还价,以实现获取更多利益的目标。

(3) 对商业谈判,日商往往事先就已经写好了详尽的计划方案,作了精心准备;若在谈判中出现新的变化,他们会夜以继日地迅速形成文字,使对方充分理解,为其成功创造机会。

日本人一般是不带律师参加谈判的。他们觉得带律师参加谈判就是蓄意制造以后的法律纠纷,是一种不友好的行为。

日本企业取得成功的原因之一就是有团体主义精神。在日本企业中,决策不是由最高领导层作出的,而是实行自下而上的集体政策。

(4) "吃小亏占大便宜"。这是日商经商的典型特征之一,其常用的手法就是打折扣吃小亏,抬高价占大便宜。

日本人比较注重交易的长远影响,着眼于建立长期的交易关系,并不十分讲究眼前利益。

(5) "抓关键人物,促成交易"。日商很重视在交易中建立和谐的人际关系,十分重视做对交易有决定作用的人物的工作,在他们身上不惜花大功夫。

在商务谈判中,如果你的日语掌握得不够娴熟,就不要用日语进行商谈,因为日语隐含意思比较多,弄不好会引起对方误解。日本人很注重和谐的人际关系,在谈判中有相当多的时间和精力是花在人际关系中的。

(6) 日本人是非常讲究面子的,他们不愿意对任何事说"不"。因此日本人在商务谈判中往往不明确表态,洽谈过程中即使对对方某方面的提议有保留意见或不同的看法,在一般情况下也很少直接予以拒绝或反驳,常使对方产生模棱两可、含混不清的印象,甚至误会。因此,在洽谈中,你必须善于察言观色,仔细体会"是"是表示同意还是不同意,抑或有待考虑。

(7) 日商在相互交易活动过程中常有送礼的礼节。他们认为礼不在贵,但选择时要讲点特色,有一定的纪念意义。

七、阿拉伯人的谈判风格

由于受地理、宗教、民族等问题的影响,阿拉伯人具有一些共同的特点:以宗教划派，以部族为群，通用阿拉伯语，信仰伊斯兰教，有很强的家庭主义观念；脾气很倔强；比较好客。阿拉伯人喜欢用手势或其他动作来表达思想。

阿拉伯人比较注重信誉，他们不希望通过电话来谈生意。阿拉伯人做生意喜欢讨价还价，他们认为没有讨价还价就不是一场严肃的谈判。在阿拉伯国家，商业活动一般由扩大了的家庭来指挥。在这些国家中，人们十分看重对家庭和朋友所承担的义务，相互帮助、扶持和救济，家庭关系在社会经济中占有重要地位。

阿拉伯世界凝聚力的核心是阿拉伯语和伊斯兰教。禁忌特别多，酒是绝对不能饮的，因而酒也不能作为礼品馈赠。

阿拉伯人十分好客，任何人来访，他们都会十分热情地接待。因此，谈判过程中常常会被一些突然来访的客人打断，主人可能会抛下你，与新来的人谈天说地。阿拉伯人不太讲究时间观念，会随意中断或者拖延谈判，决策过程也较长。若对谈判结果不满意，他们并不当着你的面说"不"字，而是根本不作任何决定。

阿拉伯人不喜欢一见面就匆忙谈生意，希望能花点儿时间同你谈谈社会问题和其他问题，有时要聊几个小时。与阿拉伯人做生意，寻找当地代理商也是十分必要的。阿拉伯人做生意特别重视朋友的关系。初次与阿拉伯人交往，很难在一两次交谈中涉及业务问题，而有中间商从中斡旋，则可大大加快这种进程。

需要指出的是，中东是一个敏感的政治冲突地区，在谈生意时，要尽量避免涉及政治问题，更要远离女性话题。在任何场合，都要得体地表示你对当地人信仰的宗教的尊重与理解。关于男女交往的习俗，在那里男人必须小心，不能损害当地妇女的声誉。男士不应该对女士热情微笑，相互不能站得太近，谈话内容仅限于一些表面的问题。

很多参与国际商务的阿拉伯谈判者能很流利地讲英语。但是，如果需要，你可以聘一个翻译。

以上简单地介绍了几个国家的人的谈判风格，提供了一般性的背景材料。当然，因人的经历、所受教育、性格不一样，可能会有例外情况。对一个谈判对手的价值观、行为方式、思考方式的准确把握，只能依靠在谈判中直接的观察和分析来把握。

对于参加真实展销会的企业来讲，面对的客户有可能是老客户，也有可能是来自世界各地的新客户，掌握主要贸易伙伴国的谈判风格会减少尴尬。对于参加模拟展销会的企业来讲，面对的"采购商"是虚拟的，可能是来自高等院校的专业教师,也可能是具有参展或谈判经验的企业主管,当然也有可能是被主办方邀请过来的其他国家的相关人员。然而,这些虚拟的采购商也是被设想来自不同的国家,所以了解一些主要国家的谈判风格也是很有帮助的。

练习与实训

一、思考题
1. 传统出口商品贸易的业务流程包括哪些环节?
2. 跨境电子商务贸易的主要模式有哪些?主要包括哪些环节?
3. 国际商品谈判有哪些基本原则?
4. 国际商品展销和谈判的一般礼仪中应该注意哪些事项?
5. 如何挑选和组成国际商品展销和谈判的队伍?

二、实训
请总结主要贸易伙伴国谈判风格,并分组模拟。

第二章 主要出口展销商品的选择

无论是真实参展企业,还是模拟参展企业,在参加出口商品展销会时都会面临参展商品的选择。对于真实参展企业来讲,由于经营范围的固定,参展商品的类别通常是确定的,只是参展时要选择有代表性的商品;对于模拟参展企业来讲,参展商品类别的确定及具体商品的选择都是非常重要的。本章将以两类企业参展意图为出发点,重点阐述展销商品的选择原则,并对重要类别的商品举例说明。

第一节 出口展销商品选择的原则

一、真实参展企业展销商品的选择

出口商品展销会上,在进口商的记忆因素中,"展品的吸引力"占到40%的比重。因此,选择好展销商品对出口企业来说非常重要,它能吸引购买者的眼球,是一幅无声的广告,将增加客户签订订单的几率。

一般来说,在展会展销出口商品的企业大致分为两类:一类是生产制造型的出口企业,这类企业专注于特定的消费品或工业设备、配件原材料的生产加工及出口,拥有自主知识产权或品牌。这类企业的商品有的适合在专业展会或综合展会展示,如日用消费品、机器配件、生产设备等,因为它们占地空间小、整洁、便于搬运摆放、视觉效果好;而有些就不适合展销,如钢铁、煤炭、液体、气体产品、易爆易燃产品等。另一类是贸易中间商和代理商,它们的商品大多是贴牌商品或少量的"自主设计、委托加工"商品。

因此,无论哪种出口商,在选择出口展销商品时都应遵循下列原则:

(1) 切忌选择可能出现知识产权纠纷的商品参加展销。国际知识产权贸易的标的包括:产品技术/产品外观设计的专利权、产品商标权、产品的商业秘密/专有技术、产品的电子集成电路布图设计权、产品版权等。由于当代科学技术的迅速发展,不断创造出高新技术的智力成果又给知识产权带来了一系列新的保护客体,因此传统的知识产权内容也在不断扩展,要及时了解展会东道国的相关法律规定。例如,德国法兰克福展会每次都有荷枪实弹的海关警察到各个摊位面前特别是中国展区巡查,看到哪家展品有侵权问题,随即没收。

（2）切忌选择展会东道国明令禁止展出的商品，以及与当地文化有抵触的商品。如阿联酋迪拜的国际商品展销会组委会，禁止参展的衣服上有六角星或以色列国旗的符号等。

（3）在国际商品展销会上，国外客户关心的是最新或质量最好的商品，不要展出过时的商品。因此，一般从展会前半年开始，出口商要留意并搜集更适合消费者需求、市场发展趋势的新品，选择能代表本公司生产能力水平的商品。常规的商品可选择有代表性的，重点推出的商品要充分备齐备足。

（4）参展的出口商品要有针对性，要符合展会的主题，展出的目的、性质和内容。

（5）参展的出口商品要有代表性，要能体现参展企业的技术和生产能力水平，体现行业特点及最新品质。

（6）参展的出口商品要有独特性，要在外观、技术、品牌、材料、服务等方面有独到之处，以便能与其他同类产品相区别。

（7）对于出口代理商展销的商品，应在众多代理的商品中选择方便布展、便于存放、展出效果佳的代表性商品。例如，食品企业应尽量选择制成品或包装品展示，而少用裸露的"生、鲜、活"商品展示，因为展会不具备冷藏保鲜设备及条件；同时，这些商品要求配备的设备多不方便布展，环境卫生条件也不允许。

二、模拟参展企业展销商品的选择

模拟参展企业通常是由大学生选择商品和企业组成团队参加模拟展销。通常，模拟展销会是综合的，学生们在组队参加展销会时，如果有的团队有企业资源，他们通常会直接代表这个企业参展，因为该企业可以为他们提供必要的展品和资金的赞助。很多团队是没有企业资源的，他们需要去和企业沟通，说服企业为他们展销提供赞助。因此，很多学生团队先选择合适的商品，然后根据选择的商品找愿意提供赞助的企业。这样，选择商品变成了重要的环节，下面介绍几种在选择商品时应遵循的原则：

1. 工业品尽量选小型

由于涉及展品运输、展示等问题，模拟参展企业不适合选择大型工业品。相反，小型工业品比较适合，比如各种小型木工电动工具等。这种产品很容易找到卖点，不论在展位布置还是发布会设计中都容易操作。

2. 宜选具有当地特色的商品

由于商品种类多种多样，不具特色的商品很容易重复，出现雷同。如茶叶和酒,在每年展销会上会有多家企业进行展示,不论是展位布置还是发布会设计,都很难展现出新意与特色。

3. 宜选适合外销的商品

虽然是模拟展销会,最后的评价标准不以订单数量为主要依据,但所展示的产品是否适合外销也是某些虚拟采购商评审的一个重要指标。因此,一般宜选择日常消费品、体积小、耐储藏、价格弹性大、品质标准比较模糊,如工艺品、时装箱包等;不宜选择涉及进出口商品检验检疫产品,如大宗商品、电器等。

4. 宜选卖点独特的商品

这种商品通常是创意产品,卖点比较强,很容易进行展示,也很容易吸引采购商的眼球。如创意纸家具,这是一款环保家具,用牛皮纸制作,具有方便携带、环保、造型容易变换等卖点,这种商品在展示时很容易设计。

以下几节将对几类经常被选择展销的商品进行重点介绍,主要介绍这些类别的商品中哪些适合出口,做展位设计和产品发布设计时应注意什么问题。

第二节 食品商品的展销选择

一、食品的概念

对于什么是食品,不同的国家和地区有着不同的解释。我国在《食品工业基本术语》(GB/T 1509—1994)中,将食品定义为:可供人类食用或饮用的物质,包括加工食物、半成品和未加工食品,不包括烟草或只做药品的物质。我国《食品安全法》将食品定义为:各种供人食用或者饮用的成品和原料,以及按照传统既是食品又是药品的物品,但不包括以治疗为目的的物品。

二、食品的分类

根据国际通行的"食物类和亚类"的双级分类原则,结合我国营养学界的食物分类方法和食品行业相关的分类标准,可将所有食物分为 20 类;对于每一个食物类中的食物,根据其某一属性的不同,又可分为不同的亚类,并将那些难以分配到某一具体亚类的食物,一律归入相应食物类中名为"其他"的亚类中。具体如下:

(1) 谷类及制品,包括小麦、稻米、玉米、小麦、小米、黄米等。

(2) 薯类、淀粉及制品,包括薯类、淀粉类。

(3) 豆类、干豆类及制品,如大豆、绿豆、赤豆、芸豆、蚕豆等。

(4) 蔬菜类及制品,包括根茎类、鲜豆类、茄果类、瓜菜类、葱蒜类、嫩茎、叶、花菜类、水生蔬菜类、薯芋类、野生蔬菜类等。

（5）菌藻类，包括菌类、藻类。

（6）水果类及制品，包括仁果类、核果类、浆果类、柑橘类、热带、亚热带水果、瓜果类。

（7）坚果、种子类，如树坚果、种子等。

（8）畜肉类及制品，如猪、牛、羊、驴、马等。

（9）禽肉类及制品，如鸡、鸭、鹅等。

（10）乳类及制品，如液态奶、奶粉、酸奶、乳酪、奶油等。

（11）蛋类及制品，包括鸡蛋、鸭蛋、鹅蛋、鹌鹑蛋等。

（12）鱼虾蟹贝类，包括鱼、虾、蟹、贝等。

（13）婴幼儿食品，如婴幼儿配方奶粉、婴幼儿断奶期辅助食品、婴幼儿补充食品。

（14）小吃、甜饼，包括小吃、蛋糕、甜点等。

（15）速食食品，如快餐食品、方便食品、休闲食品等。

（16）饮料类，包括碳酸饮料、果汁及果汁饮料、蔬菜汁饮料、含乳饮料、植物蛋白饮料、茶叶及茶饮料、固体饮料、棒冰、冰淇淋类等。

（17）含酒精饮料，包括发酵酒、蒸馏酒、露酒（配制酒）等。

（18）糖、蜜饯类，包括糖、糖果、蜜饯等。

（19）油脂类，包括动物油脂、植物油。

（20）调味品类，包括酱油、醋、酱、腐乳、咸菜、香辛料、盐、味精等。

三、食品的特点

食品的特点如下：

（1）从食品的定义可以看出，"食品"的范围非常广，包括可食用的食品原料和加工后食用的产品。从产业结构看，食品原料主要来自种植业和养殖业，属于第一产业；而食品加工则属于第二产业。

（2）按照我国《食品安全法》的规定，食品应当无毒、无害，符合应有的营养要求，具有相应的色、香、味等感官形态。

（3）食品商品的化学成分主要指的是食品商品的营养成分，又称"营养素"，包括碳水化合物、蛋白质、脂肪、维生素、矿物质和水分等；食品的营养成分也是导致食品霉变、发酵、腐败变质的主要内在因素，它不仅决定着食品的营养价值，而且与食品的质量和质量变化有着密切的关系。所以，食品的储藏、保质和保鲜比其他商品更重要、更困难。

(4) 食品比其他商品有更高的国家强制性卫生标准。任何食品都有国家制订的标准，这是政府对食品卫生质量、规格、检验方法作出的技术规定，是政府的食品卫生监督机构监管、检验食品的依据。

四、食品商品的展销选择

食品商品的展销定位主要分两类：一类是干货、保质期长且不受温度限制的加工袋装食品。这类食品对环境条件要求不高，便于布展，既可参加本行业特定的展销会，也可参加综合性商品展销会，如广交会等。另一类是保质期短的、"鲜"、"活"的、对保质保鲜要求高的食品，如纸盒装鲜牛乳、生肉、"鲜"、"活"水产品等。这类食品由于对环境条件要求高、不便于布展，因此更合适在本行业特定的展销会上展销。

如果选择食品作为展销产品，最好选择保质期长且不受温度限制的袋装产品，建议让企业赞助一些小袋赠品在展会现场发放。在进行产品发布会时，建议将产品的制作工艺、口感、功能等卖点展示出来。

第三节 纺织品、服装商品的展销选择

一、纺织品、服装的概念

纺织纤维经过加工织造而成的产品称为"纺织品"。

服装是穿于人体起保护、防静电和装饰作用的制品，其同义词有"衣服"和"衣裳"。

二、纺织品的分类

第一，按用途可分为衣着用纺织品、装饰用纺织品、工业用品三大类。

(1) 衣着用纺织品包括制作服装的各种纺织面料，缝纫线、松紧带、领衬、里衬等各种纺织辅料，以及针织成衣、手套、袜子等。

(2) 装饰用纺织品在品种结构、织纹图案和配色等各方面较其他纺织品更具有突出的特点，也可以说是一种工艺美术品，可分为室内用品、床上用品和户外用品，包括家居布和餐厅浴洗室用品。室内用品如地毯、沙发套、椅子、壁毯、贴布、像罩、纺品、窗帘、毛巾、茶巾、台布、手帕等；床上用品包括床罩、床单、被面、被套、毛毯、毛巾被、枕芯、被芯、枕套等；户外用品包括人造草坪等。

(3) 工业用纺织品使用范围广，品种很多，常见的有篷盖布、枪炮衣、过滤布、筛网、路基布等。

第二,按生产方式可分为线类、带类、绳类、机织物、针织物、无纺布六类。
(1) 线类:纺织纤维经纺纱加工而成纱,两根以上的纱捻合成线;
(2) 带类:窄幅或管状织物;
(3) 绳类:多股线捻合而成绳;
(4) 机织物:采用经纬相交织造的织物;
(5) 针织物:由纱线成圈相互串套而成的织物或直接成型的衣着用品;
(6) 无纺布:不经传统纺织工艺,而由纤维辅网加工而成的薄片纺织。

三、服装的分类

服装的种类很多,由于服装的基本形态、品种、用途、制作方法、原材料的不同,各类服装亦表现出不同的风格与特色,变化万千,十分丰富。不同的分类方法,导致我们平时对服装的称谓也不同。目前,大致有以下几种分类方法:

(一) 按服装的基本形态分类

依据服装的基本形态与造型结构,可归纳为体形型、样式型和混合型三种。

1. 体形型

体形型服装是符合人体形状、结构的服装,起源于寒带地区。这类服装的一般穿着形式分为上装与下装两部分。上装与人体胸围、项颈、手臂的形态相适应;下装则符合腰、臀、腿的形状,以裤型、裙型为主。这类服装的裁剪、缝制较为严谨,注重服装的轮廓造型和主体效果。西服类多为体形型。

2. 样式型

样式型服装是以宽松、舒展的形式将衣料覆盖在人体上,起源于热带地区的一种服装样式。这种服装不拘泥于人体的形态,较为自由随意,裁剪与缝制工艺以简单的平面效果为主。

3. 混合型

混合型服装是寒带体形型和热带样式型综合、混合的形式,兼有两者的特点,剪裁采用简单的平面结构,以人体为中心,基本的形态为长方形,如中国旗袍、日本和服等。

(二) 按穿着组合分类

1. 整件装

上下两部分相连的服装,如连衣裙等因上装与下装相连,服装整体形态感强。

2. 套装

上衣与下装分开的衣着形式,有两件套、三件套、四件套。

3. 外套

穿在衣服最外层,有大衣、风衣、雨衣、披风等。

4. 背心

穿至上半身的无袖服装,通常短至腰、臀之间,为略贴身的造型。

5. 裙

遮盖下半身用的服装,有一步裙、A字裙、圆台裙、裙裤等,变化较多。

6. 裤

从腰部向下至臀部后分为裤腿的衣着形式,穿着行动方便,有长裤、短裤、中裤。

(三) 按用途分类

按用途,可分为内衣和外衣两大类。内衣紧贴人体,起护体、保暖、整形的作用;外衣则由于穿着场所不同,用途各异,品种类别很多,又可分为社交服、日常服、职业服、运动服、室内服、舞台服等。

(四) 按服装面料与工艺制作分类

按面料和工艺制作,可分为中式服装、西式服装、刺绣服装、呢绒服装、丝绸服装、棉布服装、毛皮服装、针织服装、羽绒服装等。

(五) 按性别分类

按性别,可分为男装、女装。

(六) 按年龄分类

按年龄,可分为婴儿服、儿童服、成人服。

(七) 按民族分类

按民族,可分为我国民族服装和外国民族服装,如汉族服装、藏族服装、墨西哥服装、印第安服装等。

(八) 按特殊功用分类

按特殊功用,可分为耐热的消防服、高温作业服、不透水的潜水服、高空穿着的飞行服、宇航服、高山穿着的登山服等。

(九) 按服装的厚薄和衬垫材料不同分类

按厚薄和衬垫材料,可分为单衣类、夹衣类、棉衣类、羽绒服、丝棉服等。

(十) 按服装洗水效果分类

按洗水效果,可分为石磨洗、漂洗、普洗、砂洗、酵素洗、雪花洗服装等。

四、纺织品、服装的特点

纺织品、服装是一种带有工艺性的生活必需品,具有实用性与美观性;既作为人类文明与进步的象征,也是一个国家、民族文化艺术的组成部分;不仅具体地反映了人们的生活形式和生活水平,而且在一定程度上代表着国家、民族和时代的政治、经济、科学、文化、教育水平以及社会风尚,是一个国家、民族现代文明建设的必然内涵;便于储存、运输、携带,易于展示。

五、纺织品、服装的展销选择

纺织品、服装由于具有美观性、便携性,是最适合展销会布展、展示的商品,也是最能吸引观众眼球、展示出美的效果的商品,适合各种专业性、综合性的展览会。每次模拟展销会上,服装出现的频率是非常高的。但是,在参加模拟展销会时,建议选择有特色的服装。在布置展位时,展销人员身上穿的特色服装也是一种无形的流动性展架,比如说汉服。在设计服装的产品发布会时,首先展示的产品系列一定要清晰,不能太多而杂,也不能太少而不精,还要将服装的面料、做工、款式等卖点展示出来。

第四节　日用工业品的展销选择

一、日用工业品的概念

日用工业品又称为"日用生活用品"或"日用百货",目前并无统一、标准的定义。它通常指玻璃制品、搪瓷制品、铝制品、塑料制品、橡胶制品、皮革制品、洗涤用品、化妆品、纸张制品等工业制成品。

二、日用工业品的特点

第一,日用工业品商品的种类繁多,所含成分各不相同,按照组成的化学成分可分为无机成分和有机成分两大类。

无机成分的日用工业品商品是指由不同的金属或非金属元素结合成的无机化合物所制成的商品,如玻璃制品、陶瓷制品、搪瓷制品、金属器皿、炊具、五金商品等。目前采用最多的无机化合物材料是硅酸盐材料,用于生产玻璃制品、陶瓷制品和搪瓷制品等。硅酸盐材料及其制品耐火性好,化学稳定性好,与金属材料及其制品相比,在正常环境中不易被腐蚀,质地坚牢又耐压,但抗张强度较低,且发脆。

有机成分的日用工业品可分为低分子有机物和高分子有机物的日用工业品两类。由低分子有机物构成的工业品商品很多,主要有洗涤用品、化妆用品;由高分子有机物成分构成的工业品商品也很多,主要有塑料制品、橡胶制品、皮革制品、纸张及其制品等。

第二，日用工业品的品种、规格、花色较其他产品复杂繁多，升级换代快，产销情况变化大，商品用途极为广泛。

三、日用工业品的展销选择

日用工业品同纺织服装一样，可以适合各种专业性、综合性的展览会展销。但是，这类产品的布展设计要比纺织服装复杂，各类产品混合展示的效果比较差，最好的效果是：分产品品种单独展示，比如玻璃制品展、瓷器餐具展、化妆品展等。这些产品本身及其包装就很美，再在灯光效果、展台造型、精美装潢的烘托下，就能制造出意想不到的美的效果。

日用工业品虽然比较普通，但每年在展销会上出现的频率还是比较高的。如果模拟展销企业选择该类产品参加展销会，应尽量选择创意类产品，并且参加展销的产品系列一定要清晰，产品发布会可以重点展示设计理念、产品样式及功能等。

第五节　家用电器的展销选择

一、家用电器的概念

电器（electrical appliance）泛指所有用电的器具。从专业角度来讲，它主要指用于对电路进行接通、分断，对电路参数进行变换，以实现对电路或用电设备的控制、调节、切换、检测和保护等作用的电工装置、设备和元件。

家用电器（home electrical appliance，HEA），即日常家庭使用条件下或类似使用条件下电子器具和电器器具的总称，又称"民用电器""日用电器"。电子器具是指以电子线路为主的器具，如电视机、录音机、录像机等。电器器具是指以电动机为主的电工器件组成的器具，如洗衣机、电冰箱、空调器等。

二、家用电器的分类

家用电器的分类方法在世界上尚未统一，但通常按产品的用途大致可分为12类：

（1）视频设备，包括MP4、电视机、投影电视机、录像机、监视器、激光影碟机、数码相机等。

（2）音频设备，包括MP3、录放音机、单放音机、半导体收音机、音频功率放大器、电唱机、激光唱机、组合音响等。

（3）家用制冷电器,包括电冰箱、冷藏箱、冷藏柜、冷饮水器。

（4）家用空气调节器,包括空气调节器、加湿机、去湿机、电风扇等。

（5）家用取暖用具,包括取暖器、电热卧具、电热服、电热鞋、电围腰、电热桌等。

（6）家用整容器具,包括电动剃须刀、电推剪、电卷发器、电烘发器、电吹风器、电热梳、电刷牙器等。

（7）家用清洁卫生器具,包括洗衣机、脱水机、干衣机、电热淋浴器、吸尘器、擦窗器、地板打蜡机、地板擦洗机、擦鞋器、被褥干燥器等。

（8）熨烫器具,包括电熨斗、熨衣机等。

（9）家用保健器具,包括负离子发生器、超声波洗浴器、电子凉枕、电热敷器、电按摩器等。

（10）家用厨房电器具,包括电饭锅、电火锅、电蒸锅、电烤箱、三明治炉、面包烤炉、电炒锅、电煎锅、电水壶、电热水瓶、电咖啡壶、微波炉、电磁灶、电炉、食品切碎机、混合搅拌器、洗碗机、餐具干燥器、抽油烟机、泔水处理器等。

（11）家用学习电器具,包括个人电脑、游戏机等。

（12）个人通信器具,包括手机等。

三、家用电器的特点

第一,以电力为能源,进行电能与机械能、热能、光能的转换。它们能够减轻人们的家务劳动,给人们精神上的享受,美化生活环境,提高生活质量,这是其他产品不具备的特性。

第二,具有区别于其他产品的严格质量要求,包括:(1)性能要求,有尽可能完善的使用性能是构成家用电器类商品使用价值的基本条件。性能要求是指商品必须具有满足用途的主要功能,如电冰箱必须要有满足冷冻、冷藏食品的降温功能;电视机必须要有清晰的图像和伴音等。在提供完善使用性能方面,还包括多功能性要求和操作方便性要求。一件商品合理的使用性能及综合多样性,是现代商品发展的趋势。集洗涤、漂洗、脱水功能于一体的全自动洗衣机往往比单一功能的洗衣机更受用户欢迎。(2)耐用要求,作为耐用消费品的电子电器类商品,坚固耐用性是很重要的质量要求。(3)安全要求,电子电器类商品必须有良好的绝缘性能,并要求有一定的安全系数以承受各种恶劣使用环境和意外原因造成的过载电流、过载电压,确保使用安全。各国及各有关国际组织对此均有严格的要求。(4)节能要求,我国电力资源还比较紧张,电价还比较高,耗电量关系到电子电器类商品的使用成本。因此,对电子电器类商品的节能要求已成为我国家用电器行业衡量产品质量的重要标准之一。

四、家用电器的展销选择

家用电器是人们生活、工作、学习必不可少的商品,也是各类商品中变化最快、最时尚、人们最关心的一类商品。这类商品本身有展销的艺术气质,最容易"梳妆打扮",能够在布展设计中勾勒出精美的画面,会有"酷"与"美"的效果。因此,家用电器适合各种专业性、综合性的展览会展销。

家用电器展会是一种非常独特的市场推广媒体。"家用电器展会"是一个统称,根据规模大小、产品种类的多少有各种不同的名称,有"博览会""家用电器展会""家用电器展会和展销会""博览展销会""看样订货会""家用电器展会""交流会""交易会""贸易洽谈会""展示会""展评会""样品陈列""庙会""集市"等。有经验的家用电器展会组织者一般根据齐全、强大的用户数据库,有针对性地邀请相关人员参展,从而提高观众目标人群与参展商目标人群的相符程度。一般认为,参加家用电器展会能带来很多好处:在国际化程度较高的家用电器展会上,能达成国际合作,结交国外合作伙伴,这无疑是成本最低的市场营销。会展活动在帮助企业开拓国内、国际市场,实施发展战略方面发挥了至关重要的作用。

图 2-1　中国电子消费品博览会手机展会现场

练习与实训

一、思考题

1. 简述食品的分类。
2. 食品商品有哪些特点？如何进行展销选择？
3. 简述纺织品、服装的分类。
4. 纺织品、服装有哪些特点？如何进行展销选择？
5. 简述日用工业品的分类。
6. 日用工业品有哪些特点？如何进行展销选择？
7. 简述家用电器的分类。
8. 家用电器有哪些特点？如何进行展销选择？

二、实训

1. 参观一个"食品展览会"，对其中每一展示的食品进行评价，从中总结出食品展销的体会。
2. 参观一个"纺织品、服装展览会"，对其中每一展示的商品进行评价，从中总结出纺织品、服装展销的体会。
3. 参观一个"日用工业品展览会"，对其中每一展示的商品进行评价，从中总结出日用工业品展销的体会。
4. 参观一个"家用电器展览会"，对其中每一展示的商品进行评价，从中总结出家用电器展销的体会。
5. 请每个团队选择五种商品，并总结每种产品的卖点。

第三章 展销商品供应商的选择与沟通

参加展销会的企业通常是进出口贸易企业,不论是真实参展企业还是模拟参展企业,都需要合适的商品供应商。真实的参展企业在参加展销会时,商品供应商已经基本确定,只需要选择合适的展品;而模拟参展企业则需要寻找合适的供应商并进行沟通交流。

第一节 商品供应商选择的基本原则、渠道和评估

一、供应商选择的基本原则

外贸出口企业作为国际贸易中介,其业务的一端是国外的进口商和最终用户,一端是产品的供应商。因此,出口企业既要充分了解最终用户的需求,也要通过多种方法挑选供应商,确保满足最终用户对产品的各方面要求。选择可靠的供应商,对于出口企业保证出口产品质量,减少贸易纠纷,避免索赔,维持与国外客户的长期合作关系非常重要。一般来说,选择和确定供应商应遵循以下几个方面的原则:

(一)目标定位原则

出口商首先应明确采购产品的最终目的是为了满足进口商和最终客户的需求。因此,在选择和确定产品的供应商时,出口商应充分了解客户对产品物理和化学性能、品质、采购数量、价格、交货时间、售后服务等方面的要求,在此基础上对供应商进行全面的考察。对出口商来说,取得优质价廉的产品至为重要。出口商应注意的方面具体包括:

1. 价格

价格因素是现代营销学中"6P"原则中最重要也是最宜量化的因素。

2. 交货

对出口商而言,须能及时、准确地将货物交付客户,这是外贸企业建立和稳固信誉的重要因素。因此,能在出口企业规定的时间内准确无误地交货,是对供应商的产品综合评价的因素之一。

3. 质量

质量是企业的生命。有些企业在生产过程中,质检人员没能及时发现问

题,国外客户或检验公司验货时发现货物不合格,重新返工,影响企业出货进度,带来经济上的损失。有些货物运到国外后,才发现质量问题,客户要求赔偿、扣款甚至退货,严重影响企业声誉和利润。出口商首先要确认供应商是否建立了一套稳定有效的质量保证体系,然后确认供应商是否具有生产所需特定产品的设备和工艺能力。出口商可以根据以往交货的总体质量和客户的索赔情况,对企业产品的质量进行综合测评。

4. 产品的适合性

对企业来说,并不是对所有产品的质量要求都是相同的,每一客户都对所订的产品有其特定的质量或其他要求。因此,可将供应商所提供的产品是否每次都按客户的实际要求交付列为一个单独指标,以评价该企业产品的适合性。

(二) 择优录用原则

在产品质量过硬,报价、交货承诺等方面相同的情况下,出口商毫无疑问会选择那些资信好、创新能力强、形象好,可以给进口商和最终用户提供优良产品的企业。对出口商来说,供应商企业素质的综合评价涉及的内容众多,大体可以从以下几个方面考虑:

1. 企业的资信情况

现代社会是信用社会,对整个以信用为基础的经济来说,资信及资信评价更是不可或缺的基础。出口商与资信情况良好的供应商建立合作关系,可以相辅相成。

2. 企业的生产能力

这是供应商能够按照要求及时完成产品生产和交付的保证。企业的规模、原料供应的稳定性和可靠性、是否有紧急加工能力、客户关系管理制度和能力、信息技术的应用程度、货物配送能力等诸多方面是出口商应该注意考察的内容。

3. 企业的质量体系

企业的质量评价是事后的、补偿性质的,而要求生产商建立并实施质量体系才是前瞻性的、具长远打算的。与其给产品仔细打分,不如通过建立 QAS 而确保企业长期的质量稳定性和质量责任的可追溯性。

4. 企业的创新能力

作为外贸企业的战略伙伴,良好的供应商可以帮助外贸企业在竞争中制胜。因此,我们把供应商是否具有创新能力作为考核的一个重要指标,这一指标根据每年厂家的创新产品数量和开发人员数量加以考核。

5. 企业的社会责任

企业的社会责任是指企业应超越追求利润这一单一目标,注重对人的价值的关注,强调对环境、消费者、社会的贡献。企业的社会责任已成为发达国家进口商和消费者关注的一个热点和重点,出口商在考察产品的供应商时也应注意到这一点。

(三) 优势互补原则

和供应商相比,出口商更了解国际市场行情、国外进口商和最终客户对商品的要求,更懂得如何与外商打交道、谈判以及如何防范和规避进出口过程中的各种风险,熟知国家的外贸政策;而供应商对产品的性能、品质、成本、科技含量等情况更为了解。因此,出口商在选择和确定供应商时,应注重选择经营理念和技术水平相符合的企业,实现优势互补,达到双赢。

(四) 共同发展原则

面对国外的进口商和最终客户,出口商和供应商的利益是一致的。在传统模式下,出口商居于相对强势地位,出口企业与供应商的关系松散,以价格为核心,双方主要以合同的形式相互约束,双方的关系多为短期的、不稳定的。在20世纪90年代中后期,我国外贸体制发生了重大转变,而加入WTO又为我国进出口贸易赢得了新的巨大发展机遇。在新的形势下,出口商与供应商的关系开始发生战略性变化,许多出口企业意识到,两者的利益是连为一体的,从长期来看,彼此加强合作,公平地对待供应商是更合乎成本效益的选择。出口商开始与供应商建立长期合作关系,减少供应商的数量,与供应商一起努力改进产品的质量、交货期,提高客户的满意度和忠诚度。企业之间通过合作开发新产品、新技术,共同创造新的市场价值,降低企业的技术投资风险,形成长期竞争优势。

当然,出口商也应适时对供应商进行评估,可以根据以往的履约记录(交货记录)、为外贸企业提供的新产品数量等众多因素展开综合评估。

二、寻找和选择供应商的渠道

在获得国外的订单后,出口商应立即着手寻找和选择供应商。一般而言,供应商的家数越多,选择最适合的供应商的机会就越大。寻找和选择供应商,通常可通过下列途径进行:

(一) 利用现有的资料

出口商可根据企业原有的合格供应商档案或名册,根据新出口订单的要求,对就现有供应商进行甄选,分析或了解它们是否符合要求——适当的品质、准时交货、合理的价格以及必需的服务等。

（二）阅读专业刊物、政府统计资料和公告

出口商可从各种专业性的报刊上获悉许多产品的供应商，也可以从采购指南、工商名录、电话黄页、电话分类广告以及政府统计和公告等资料上得到供应商的基本资料。

（三）参加产品展销会

出口商可多安排员工参加有关行业的产品展销会，亲自收集适合的供应商资料，甚至当面洽谈。供应商的寻求不应局限于本地或本国，也应该利用外地或国外的供应来源。

（四）行业协会或专业的咨询公司、采购顾问公司

出口商可以与拟购产品的行业协会洽谈，从协会处获得相关产品生产厂商名录；也可以联系专业的咨询公司、采购顾问公司，特别是针对来源稀少或取得不易的物品。

（五）网上搜索

每个行业都有大量的行业专业网站，有大量的采供信息提供，出口商应该根据自己所从事的行业，经常浏览相关产品的专业网站，这将给采购提供很多专业的帮助。除此以外，出口商还可以通过百度、谷歌等搜索引擎，搜寻并选择合适的厂家，然后电话联络。

（六）各种网络贸易平台

随着电子商务的发展，越来越多的供应商通过网络贸易平台展示、推销本企业的产品和服务，出口商也可以通过这些电商平台获得供应商的基本信息和资料。

（七）公开征标

出口商以公开招标的方式寻找供应商，使符合资格的供应商有参与投标的机会。

（八）通过同行业介绍

出口商可以通过同行业的其他企业了解产品和供应商的信息，获得供应商的参考名单。

这些渠道是真实参展企业寻找和选择供应商的渠道。如果是模拟参展企业，这些渠道也是适用的。由于是模拟参展企业，笔者建议先选择合适的产品。选择产品时，要遵循一定的原则，比如有地方特色、有创意、功能性强、有美感、有卖点、容易展示等。当产品选定后，可以根据以上渠道寻找供应商赞助。在和供应商沟通时，参展企业应本着真诚、双赢的原则，先把模拟展销的目的介绍

清楚,再介绍需要企业赞助的产品、对企业的好处等。有些企业非常重视文化建设,还是比较愿意合作的。

三、供应商的评估

市场经济条件下,企业面临着不断变化的国内外环境和市场行情,出口商应对产品的供应商进行动态评估以保证企业经营目标的实现。对供应商进行评估的主要目的包括:获得符合质量、数量要求的产品和服务;确保供应商能够按要求及时提供优质的产品和服务;力争以最低成本获得产品和服务;淘汰不合格的供应商并开发新的更好的供应商;维护和发展良好的、长期稳定的供应商关系。

通常,供应商评估的控制要点主要有以下几个方面:(1)供应商是否遵循公司制订的供应商行为准则;(2)供应商是否遵守基本职业道德和社会责任;(3)供应商是否可以提供良好的售后服务;(4)供应商是否具有良好的开拓创新意识;(5)供应商是否拥有现代的企业管理制度,运作流程、行为准则是否规范;(6)供应商是否具有良好的风险意识和风险管理能力;(7)企业是否具有按时保质保量交货的能力。

出口商应根据行业和产品的特点,制订具体的评估方案,采用适当的方法,对供应商进行定期考核,对发现的问题及时处置,也可以对供应商优胜劣汰。

此外,随着全球经济一体化程度的不断提升以及国家对外开放力度的增大,出口商在选择和确定供应商时并不一定要从国内寻找,可以在全球范围内挑选合适的供应商,开展离岸贸易活动。

第二节 与商品供应商沟通的原则及方法

人是以社会人的身份存在于这个世界的,作为社会人的个人必须与其他人发生各种各样的联系。商务活动是市场经济主体之间通过沟通、交流实现要素、商品和服务交换以达到互利双赢的过程,在这一过程中,相互交流、沟通信息成为完成经济活动的必要条件。

商务沟通交流的过程主要有九个方面的基本要素,即发讯者、编码、信息、渠道、受讯者、解码、反馈、噪声、环境。发讯者是指拥有信息并试图沟通的人;编码是指发讯者将信息和思想转译为系统化的符号形势;信息是指发讯者试图发送的内容,包括语言与非语言信息;渠道是指信息传递的方式,主要包括口头、书面、电子信息等;受讯者是指信息所指向的对象,即接受信息的人;解码是指受讯者获得信息后,将符号化的信息还原、理解的过程;反馈是指受讯者对信息的反应;噪声是指任何可能影响沟通顺利进行的因素;环境则是指沟通进行时的自然、社会环境。

在出口商品活动中,要提高与商品供应商沟通交流的效果,必须对上述九个方面的因素有所了解,遵循基本的沟通原则,掌握必要的沟通方法和技巧。

一、与供应商沟通的基本原则

(一) 尊重原则

与供应商沟通过程中,既要解决问题,又要实现增进友谊的目的,很重要的条件是相互尊重。在沟通过程中,尊重他人要做到认同对方、双向沟通,应克服自身的优越感或自卑感,以平等的身份参与沟通,积极倾听对方的意见。盛气凌人、刚愎自用,听不进别人的意见、建议等,这些都是不尊重人的表现。在讨论问题时,可以坚持并保留自己的意见,但沟通双方应相互尊重,如尊重人格、尊重不同观点等。

(二) 坦诚原则

在沟通过程中,发讯者在发出信息时要全面、适量,避免以偏概全。沟通者应该坦率、真诚,有什么不同意见、建议,直言相告,开诚布公,这有利于提高沟通的效果。反之,如果沟通双方缺乏坦诚的态度,相互指责、攻击,不仅无助于解决问题,而且还会扩大乃至激化矛盾。

(三) 合作原则

沟通的目的之一是为了合作,实现互利双赢等。因此,作为沟通者,要以合作的心态对待沟通。在沟通过程中,出口企业和供应商双方相互理解、信任和支持的因素是十分重要的,而这种因素的形成和强化,取决于双方是否具有真诚的合作意识。

(四) 真实原则

沟通是传递信息的过程,虚假的信息不仅严重制约沟通的质量,而且还会导致决策失误。因此,在沟通过程中,要敢于讲真话、讲实话,交流的内容应该与个人的所思所想一致,这有利于达到通过沟通解决问题的目的。

(五) 满足需求原则

与供应商的沟通是一种商务活动,出口商应了解供应商的需求(比如价格、订单量、付款期限等),换位思考,在维护好自身基本利益的情况下,尽量满足对方需求,使供应商对双方的合作很满意,进而实现双赢。

此外,如果商品供应商不仅仅来自于本国,还来自于其他国家,出口商在与其沟通交流时还应该注意跨文化交流的问题。

二、与供应商沟通的方法和技巧

在商务沟通中,由于文化背景、思维方式、生活方式、价值观念不同,沟通者对同一问题往往有相异的认识,对同样的信息有不同的反应,从而构成沟通协调的障碍。了解和掌握必要的沟通方法和技巧对于提高与供应商沟通的有效性、增进双方相互理解、加强合作非常重要。

(一)有效沟通的基本方法

首先,要及时明确沟通对象。在选择和确定供应商时,通常情况下,出口商会面对多家潜在的合作伙伴。在沟通之前,出口商应明确沟通的对象是谁,以便于及时了解对方的基本情况,确定沟通的具体方式和策略。出口商可以制订一份潜在供应商情况简表以解决这一问题。

其次,要了解沟通对象的行为习惯和工作风格。每个供应商的企业文化、人员素质都不尽相同。在与供应商沟通之前,应尽可能了解对方的企业文化、企业情况、谈判人员的行为习惯和工作风格,以便克服来自于年龄、性别、职位、价值观、文化背景等因素造成的沟通障碍。

最后,要正确选择沟通的方式和渠道。沟通的渠道主要有面谈沟通、书面沟通、会议沟通、演讲沟通、电子媒介沟通等,每种方式都有其优点和不足之处。在与供应商沟通时,应注意针对不同的对象、不同的沟通阶段选择合适的沟通渠道,以达到事半功倍的效果。

(二)有效沟通的技巧

由于与供应商的沟通主要是通过面谈方式进行的,本书主要介绍面谈沟通的一些技巧。

1. 倾听的技巧

商务交往是一个平等、双向的交流沟通过程。在这个过程中,不可能总是处于"说"的位置,也需要学会倾听。善于倾听是一个人应有的素质,是表现个人魅力的大好时机,也能使对方产生一种被尊重的感觉,从而赢得其好感。提高倾听技能,可以从以下几个方面去努力:(1)全神贯注地倾听。要把注意力集中在讲话人的身上,表现出对其讲话内容的兴趣。这样,一是体现了对交谈对象的尊重,表明愿意倾听对方的讲话;二是可以听出对方的弦外之音,获得重要的信息。(2)不可轻易打断对方的讲话。当对方讲话时,不可轻易地打断,当有分歧或需要补充说明时,也最好等到对方讲完再提问或发表自己的见解。

如果有必要插话,也要先向对方打招呼,说声"对不起",再插话,简短插话完毕后请对方接着讲。(3)可以适时适度地提问、反馈。在商务交往中,人们更倾向于彼此进行语言交流,而不是一味地倾听。如果一方一言不发,只是一味地听,另一方就会没有交谈的兴趣,不讲或少讲了。所以,在倾听中,应专心地听,并适时、适度、有针对性地提出问题或不时地向对方表示应和,表现出对谈话内容的重视。(4)避免心不在焉的举动或手势。可以使用目光接触、点头等动作表示你正在认真听。

2. 说话的技巧

说话是人际沟通最重要的工具。掌握沟通的说话技巧,是提升沟通效果的一个重要基础条件。语言沟通中要尽量做到:通俗,尽可能用一些通俗易懂的语言,让被沟通者能领会沟通者表达的意思,而令人不知所云的语言只会加重双方沟通的难度;生动,沟通时可以适当地使用俗谚俚语,巧妙地使用富有时代特征的专业术语,有利于增强语言的感染力;简洁,有话直说,忌兜圈子,不讲大话、空话、套话、废话,以节省沟通时间;准确,措辞要准确,分析问题有理有据,忌含糊其词;文明,在沟通过程中,多使用礼貌用语,言辞得当,忌用粗俗的语言。

3. 身势技巧

身势指身体的无声的动作,例如点头、微笑、手势等。掌握和运用良好的身势技巧有助于同他人沟通的成功。沟通过程中应注意:眼睛,要注视沟通对方,不要东张西望或看与沟通话题不相关的书籍、报刊;头部,宜正、昂头、低头甚至歪着头都不合乎规范,也不礼貌;面部,面部表情随沟通的话题而动,与之和谐,忌面部毫无表情;手势,随沟通语言内容而动,幅度不宜过大,忌用手指掏耳朵等不文明的行为发生。

4. 情绪技巧

沟通渗透着情绪,培育良好的情绪,掌握沟通的情绪技巧,是提高沟通质量的一个重要因素,主要包括:热情,对参与沟通的事务表现出极大的热情,乐于同别人交流思想、研讨问题,虚心向他人学习;耐心,要学会倾听,不要随意打断别人的讲话;开朗,在沟通过程中,对持否定或反对意见者要抱以理解、宽容的态度,不要耿耿于怀,甚至打击报复;冷静,冷静思考别人提出的不同意见以及批评意见,在沟通过程中能控制自己的急躁情绪。

练习与实训

一、思考题
1. 选择供应商有哪些原则？
2. 如何对供应商进行评估？
3. 与供应商进行面谈沟通时应注意哪些技巧？

二、实训
请自由组队，每个团队 5—8 人，根据自己选定的商品寻找供应商，制订谈判方案去实施，并记录谈判过程与谈判结果。

第四章 出口商品参展计划书的撰写

参展计划书的制订是对整个企业参展过程的统筹安排,内容包括企业资源分配、人员协调、工作部署等。企业参展有一个较长的时间周期,期间具体工作繁复琐碎。只有制订详细的参展计划,才能保证整个参展过程中各项活动能有条不紊地进行。本章主要讲述参展计划书的作用与框架,并详细讲解参展计划书每个构成部分的撰写,以供真实参展企业和参加国贸专业比赛的模拟参展企业参考。

第一节 商品参展计划书的作用及基本框架

一、商品参展计划书的作用

有了计划,工作就有了明确的目标和具体的步骤,就可以协调大家的行动,增强工作的主动性,减少盲目性,使工作有条不紊地进行。同时,计划本身又是对工作进度和质量的考核标准,对大家有较强的约束和督促作用。所以,计划对工作既有指导作用,又有推动作用。参展计划书的作用主要表现在以下三个方面:

一是作为整个参展活动的指导与纲领。从参展的准备工作到整个参展过程在计划书中都有所涉及,可以参照计划书进行安排。

二是计划书的撰写能实现参展效用最大化原则。它在展会具体实施之前就考虑各方面可能会遇到的问题,使企业能更好地进行所有内部资源的整合与再分配。

三是作为整个项目的控制方,能有效地控制监督所有活动任务的开展。

二、商品参展计划书的基本框架

参展计划书的主要框架包括以下几部分:参展目标规划、产业与产品调查分析、参展营销策略规划、展会策划、参展财务预算、人员组织与任务安排、参展进度规划。当然,也可以根据实际需要增加或删减内容。下面将对这些模块内容的撰写进行介绍。

第二节　参展目标规划的撰写

参展目标的制订是企业参展计划必不可少的第一步，对整个参展过程将起到战略性的指导作用，所有的参展工作都要围绕参展目标展开。即使是参加比赛的模拟参展企业，也要站在实体企业的角度去考虑企业的参展目标。

企业的参展目标是根据本企业的发展战略和市场条件制订的，主要有以下四大类：交流和宣传目标、价格和条件目标、销售目标以及产品目标。当然，各参展企业也可以根据企业本身参展的目的制订自己的目标。

一、交流和宣传目标

与客户和其他企业的交流，企业产品和企业形象的宣传，是大多数企业参展的重要目标。具体内容包括：接触新客户，建立个人关系；与客户面对面交流，了解客户的需求；建立客户数据库；增加企业知名度；将企业对消费者和公众的广告效用最大化；加强与媒体的关系；搜集新市场的信息；将企业团队设计的计划付诸行动；通过交流经验培训员工的调研能力和销售能力。

参展企业在撰写参展目标规划时可以根据自己的实际情况，挑出几个重点叙述。

二、价格和条件目标

新产品一经推出，了解公众对新产品的接受程度固然重要，更关键的是对新产品的定价，它直接关系到企业的利润收益。即使不是新产品，价格也是瞬息万变的，也需要通过展会了解产品需求的变化。因此，通过参加展会，企业可以掌握产品价格与产品需求之间的关系。展会现场是专业卖家和目标消费群体的集聚地，是一个模拟的市场。企业在展会上可以通过与目标客户进行专业谈判，从而了解产品目前在市场上的需求情况。

在撰写这部分时，企业可以根据自己产品的实际情况，结合不同的贸易术语和不同的目的地，设定可能接受的价格范围，以供参展人员在展会上进行谈判时把握。

三、销售目标

达成销售合同，完成企业销售计划，目前仍是国内企业参展的首要目标。除签订合同、达成销售意向的直接销售目标外，企业通过参展还能完成一些间接的销售行为——建立销售渠道,具体包括:扩大销售网络、寻找新代理商和评估减少一个贸易环节所取得的效果。

在撰写该部分时,企业可以先对目前本企业产品的销售市场进行分析,进而提出需要开发的市场区域。

四、产品目标

这个目标主要适用于新产品、新技术的推广。一直以来,展会都被看作企业推出新产品的最佳舞台,很多新技术、新产品都是在展会上为大众所接受并流行起来的。企业参展的产品目标具体可包括以下内容:测试产品在市场上被接受的程度、介绍新发明、推出新产品、评价新产品市场推广是否成功和扩大产品系列。

如果是新产品参展,在撰写该部分时,主要描述新产品需要在展会上重点展示的特点、功能以及主要的卖点,这样有利于后续对展示方式的设计。

第三节 产业与产品市场调查的撰写

产业与产品市场调查是营销策略规划的前提,不仅要对国内市场进行调查,也要对国际市场进行调查。如果是参加国际展销会,则国际市场的调查尤为重要。本节主要介绍国内与国际市场调查的撰写方法,在这之前,我们先介绍市场调查的三个要素。

一、市场调查的三个要素

确定参展产品时,需要对产品及其所处行业进行市场调查分析,可以参考使用市场细分(market segmentation)、目标市场(market targeting)、市场定位(market positioning)三要素(也称为"STP")进行分析。

市场细分是指营销者通过市场调研,依据消费者的需要和欲望、购买行为和购买习惯等方面的差异,把某一产品的市场整体划分为若干消费者群的市场分类过程。每一个消费者群就是一个细分市场,每一个细分市场都是由具有类似需求倾向的消费者构成的群体。

著名的市场营销学者麦卡锡提出,应当把消费者看作一个特定的群体,称为"目标市场"。通过市场细分,有利于明确目标市场;通过市场营销策略的应用,有利于满足目标市场的需要。即目标市场就是通过市场细分后,企业准备以相应的产品和服务满足其需要的一个或几个子市场。

市场定位是指企业针对潜在顾客的心理进行营销设计，创立产品、品牌或者企业在目标顾客心目中的某种形象或某种个性特征，保留深刻的印象和独特的位置，从而取得竞争优势。

参展计划书中这部分的撰写主要侧重于市场需求和供给的分析，可以分成国内市场和国际市场两个部分。

二、相关产业与产品的国内市场调查

市场调查（market research）是指运用科学的方法，有目的地、有系统地搜集、记录、整理有关市场营销信息和资料，分析市场情况，了解市场的现状及其发展趋势，为市场预测和营销决策提供客观的、正确的资料。其主要内容包括市场环境调查、市场状况调查、销售可能性调查，还可对消费者及消费需求、企业产品、产品价格、影响销售的社会和自然因素、销售渠道等开展调查。

（一）市场环境调查

市场环境调查主要包括经济环境、政治环境、社会文化环境、科学环境和自然地理环境等的调查。具体的调查内容可以是市场的购买力水平、经济结构、国家的方针政策和法律法规、风俗习惯、科学发展动态、气候等各种影响市场营销的因素。

（二）市场需求调查

市场需求调查主要包括消费者需求量调查、消费者收入调查、消费结构调查、消费者行为调查，包括消费者为什么购买、购买什么、购买数量、购买频率、购买时间、购买方式、购买习惯、购买偏好和购买后的评价等。

（三）市场供给调查

市场供给调查主要包括产品生产能力调查、产品实体调查等，具体为某一产品市场可以提供的产品数量、质量、功能、型号、品牌等，以及生产供应企业的情况等。

（四）市场营销因素调查

市场营销因素调查主要包括产品、价格、渠道和促销的调查。产品的调查主要有了解市场上新产品开发与设计、消费者使用与评价、产品生命周期、产品组合等情况。产品的价格调查主要有了解消费者对价格的接受情况、对价格策略的反应等。渠道调查主要包括了解渠道的结构、中间商的情况、消费者对中间商的满意情况等。促销活动调查主要包括各种促销活动的效果，如广告实施的效果、人员推销的效果、营业推广的效果和对外宣传的市场反应等。

(五) 市场竞争情况调查

市场竞争情况调查主要包括对竞争企业的调查和分析,了解同类企业的产品、价格等方面的情况,以及它们采取了什么竞争手段和策略,做到知己知彼,通过调查帮助企业确定本企业的竞争策略。

企业在参展时要对国内市场环境、市场状况、消费者及需求等进行调查,并写出调查结果。关于产业或产品发展的历史等内容,可以写,也可以不写,但是相关产业或产品国内市场的竞争状况、国内市场的需求状况及价格等内容要写明。

三、相关产业与产品的国际市场调查

如果参加的是国际展销会,更应该重视国际市场需求和供给的分析。可以把国际需求市场按区域进行分类,分析每个市场的文化背景及需求特征,以便于谈判时能够抓住对方的心理特征进行针对性谈判。

第四节 参展营销策略规划

企业参展的营销宣传是参展工作的重要组成部分,是 4P 营销理论中的重要组成部分,主要包括广告宣传、新闻工作、宣传资料、活动营销和客户沟通,五种方式结合使用,将对企业参展成功有很大帮助。撰写参展计划书时,可以对这五种方式的具体实施办法进行介绍。

一、广告宣传

企业参展的广告宣传分为两大类:一是外部广告,即参展现场以外的广告宣传,包括电视广告、电台广告、报纸广告和网站广告;二是内部广告,即展会现场的广告,包括展会广告牌、条幅等。

外部广告对于模拟参展企业来讲并不现实,而内部广告对于真实参展企业或模拟参展企业来讲都是比较容易实现的。参展厂商可以根据展会现场情况,在展位以外或展位上做广告宣传。

二、新闻工作

展会的新闻活动以新闻发布会(记者招待会)和新闻中心两种形式开展。其中,新闻发布会采用新闻报道的形式向社会提供产品或活动信息,为企业树立良好的社会形象制造舆论声势,是企业在宣传活动策划时的常用方法和最佳

形式之一。

新闻中心则是展会主办方在展会现场专门设置的新闻媒体办公场所。参展企业要加强与新闻中心的联系,把自己的产品信息、活动信息撰写成新闻稿,及时送到新闻中心,供其发布使用。

对于真实参展企业来讲,需要注重新闻工作。对于模拟参展企业来讲,不需要加强这方面的工作,如果你的展品和展位足够吸引人,新闻工作方也会对你的展位进行特别采访。

三、宣传资料

展会上印发的宣传资料分两大类:一类是展会主办方编印的宣传资料,包括展会会刊、参展商名录、展会简报等;另一类是参展企业自己准备的宣传资料,包括展台小册子、公司介绍、产品目录等。

不论是真实参展企业还是模拟参展企业,宣传资料的印制都是非常重要的,只不过模拟参展企业印刷的数量可能会少些,但是宣传资料中包含的信息、独特的设计都会给采购商留下深刻的印象。

四、活动营销

展会现场的活动,一类是由展会主办方策划组织,包括展会开幕式、研讨会、论坛等;另一类是由参展企业根据需要,配合展台工作计划策划组织,包括产品发布会、现场娱乐表演活动等。

在撰写参展计划书时,可以将主要活动的形式写清楚。

五、客户沟通

展会前的客户沟通工作主要有展前邮寄、电子邮件邀请、电话联系以及 VIP 客户上门拜访。

展会前的沟通对真实参展企业来讲尤为重要,而对于模拟参展企业,要注重设计如何在展会现场与客户进行沟通。

第五节 展会策划

展会策划主要包括展前策划、参展准备、展位设计、产品发布会、客户接待、展后跟踪这几块,其中展位设计、产品发布会将分别在第五、六章详细阐述。

一、展前策划

展前策划主要涵盖展前宣传、立体媒体宣传、实体店面宣传、向客户发送邀请函这四方面。

展前宣传主要以杂志上刊登宣传广告、展会室内外海报宣传、稿件撰写、宣传单或宣传册发放等形式展开。杂志具有宣传针对性强、广告有效期长、广告对象理解度高、制作精美等优势，是传统媒体中覆盖面最广、效果最佳的信息传播媒体；海报宣传是在展会会场内外的静态展示中最直观、最有效的宣传方式。

立体媒体宣传则主要是网络平台广告的宣传，如企业官网或是多媒体平台宣传。网络在当今社会的影响力迅速膨胀，所以互联网也就演化为企业快速成长的"发动机"。运用网络方式宣传展示企业产品，使信息的传递更新更加及时，面对的客户群更加宽广，其宣传效果也不受地理位置的限制，并且广告成本十分低廉经济。

实体店面宣传指的则是直营店里对到访客户发放宣传手册等活动。

企业也可以向现实客户发放精美的纸质、电子邀请函，诚邀他们前来观摩展会，争取更多的订单。

不论真实参展企业还是模拟参展企业，对展前的宣传都要进行一个策划。不同的是，真实参展企业除了策划以外，还需要在展前与主要相关客户进行沟通，要确保所设计的策略能够实施；而模拟参展企业则更加注重展前宣传方式的设计。

二、参展准备

参展准备主要包含人员准备和产品准备。

人员的正确配备和分工是展会成功的关键因素之一。为了取得最佳的展览效果，树立良好的企业形象，赢得广大客户的认可和青睐，企业应精心选拔骨干员工作为展会的参展代表。选拔的标准应为：（1）熟悉企业的日常业务，尤其对企业的主要产品有深入的了解；（2）熟悉国际贸易的基本准则和实务规范，能够独立地或在协助下进行业务洽谈和贸易谈判等；（3）精通英语，能够熟练运用英语进行日常商务交流和谈判；（4）具备基本的参展素质，如富有责任心、亲和力强、善于处理突发事宜和心理承受能力强等。

精良的产品是企业在成功的商品营销中取得良好销售业绩的基础和根本。因此，对产品的选择和产品系列的构思是企业参加展会的一大重要考虑方面。企业准备产品时应考虑到展会的性质，如果是国际型的，海内外嘉宾都将是展会的积极参与者,因此产品需要具备一定的能进行国际贸易的特点。

在撰写参展计划书时,可以在该部分对人员分工和选择的产品进行详细介绍。特别是对产品要按照系列介绍,每个系列挑选有代表性的产品,并配上彩色图片予以展示。

三、客户接待

参展企业的客户分为两类:一类是企业预先通知并邀请参加展会的客户,可进一步细分为普通客户和 VIP 客户;另一类是主办方邀请联系的客户,这类客户有的可能成为企业的潜在客户,有的则是普通观众。

展台人员针对不同客户的接待工作既要保持一致的良好态度,也要区别对待。精神饱满、态度热情是展台人员接待客户的基本要求,既不能忽视 VIP 客户,也不能因为是普通客户而有所怠慢。

同时,展台人员还需具备一定的产品专业知识。虽然展台人员的背景可能各不一致,但对于客户提出的问题都要求能够尽量回答。如果遇到专业性很强的问题,应当请专业技术人员给客户回答。

在撰写参展计划书时,主要将接待礼仪讲清楚,并且对客户可能提出的问题类别进行总结和分配,以便显示出整个团队的英语沟通水平以及对外贸知识的熟悉程度。只有一个成员参加谈判是不合适的。

四、展后跟踪

企业参展展后跟踪是对展会在时间和空间上的延续,是参展企业与客户商务活动的开始。要实现参展目标并最终达成交易,参展企业就应当充分重视展会后续跟踪工作,采用不同的跟踪手段,发展、维护客户关系,才能进一步巩固参展成果,实现企业目标。总的来说,企业主要应做以下三方面的工作:

(一) 对来访客户进行分类

贸易型展览会展期是 3 到 5 天,展会期间企业需要接待大量客户,很难进行深入的商务谈判或是进行实质性交易。展会现场的工作更多的是收集客户信息,与来访者初步接触,引起客户对本企业产品的关注。因此,根据不同客户的不同特点进行分类,有利于后期实施不同的营销策略。

(二) 现实客户管理

现实客户管理的重点是进一步巩固、保持和发展与实现客户的关系,防止这些客户被对手挖走。在具体的工作中,一方面要维持和扩大现实客户对老产品或服务的购买,另一方面还要将其注意力吸引到新产品或服务上来。

(三) 潜在客户管理

潜在客户管理的关键在于加强双方的沟通,加速互相建立友谊,尽快缩短企业与客户彼此的距离,找到双方合作的结合部,消除双方的合作疑虑,形成现实的贸易关系。

在撰写参展计划书时,主要写明如何进行展后跟踪、由谁进行跟踪,并且可以设置不同的假设情况进行举例。

第六节 参展财务预算

参展企业基于参展目标,根据参加展会所需要具体实施的项目的各项经费进行初步预算。预算制订过程中,参展企业要根据时间节点,对每个阶段的参展花费进行综合平衡。参展费用按用途可分为以下六类,在撰写参展计划书时,对这些费用要进行适当预算,并且分时间段列表显示。

一、基本费用

基本费用主要包括展馆场地租赁费、电费、参展商入门证、停车证的费用等。该部分费用可以向展会主办方或企业主管进行咨询。

二、展台搭建、装修费

具体项目可以分为以下几类:(1) 展台设计、图纸制作费;(2) 硬件设备购买或租赁费用,包括展架、展具、谈判桌椅购买或租赁;(3) 软装用品设计和制作费,包括墙纸、海报、地面设计与制作;(4) 现场施工搭建费用,包括用电设备租用、通信设备租用等。

三、展台服务和宣传费用

展台服务和宣传费用属于公关费用开支,涵盖面很广,包括会刊、新闻、媒体宣传、摄像、礼品制作等。对于这块费用,不管是真实参展企业还是模拟参展企业,一些宣传小册子、摄像、礼品制作等费用通常是必不可少的。

四、展品运输费、垃圾处理费

展品运输费和垃圾处理费属于运输费用,涵盖展品在运输过程中的包装、运输、装卸、仓储和保险等,此外还包括展后展台清运产生的费用。一般而言,展品运输费依据展出地离参展企业所在地的距离、展品大小计算确定。如果是距离较远的大型机械展品运输,一般选择集装箱海运,时间节点的控制变得尤为重要,如果早到,意味着仓储费用的增加;如果时间太紧,展期内就有可能无法及时运抵,影响展出。对垃圾处理费,事先与展台搭建公司签订合同时就应明确,谁建谁拆。真实参展企业这方面的费用通常是和展台搭建公司签订合同确定;而模拟参展企业通常是自己将垃圾清理到展会规定的地方,所以这方面的费用不需要作为预算写进计划书。

五、人员费、差旅费

人员费、差旅费不仅包括参展人员在展出地的食宿交通开销,还包括参展人员的补贴和奖励。这块费用是企业参加展会时比较大的一块支出,如果展会离自己单位很近,通常可以自己派车过去,但也要考虑一天的住宿费;如果展会离自己单位较远,那么不仅要考虑火车和飞机的费用,还要考虑展品托运的费用。

六、其他费用

其他费用是以备不时之需的准备费用,一般占总参展费用的5%左右。

第七节 参展进度规划

进行进度规划时,要注意结合企业现在外部资源如展会主办方、供应商,以及内部资源如员工、预算等情况。通常,展前6个月到12个月是筹备阶段,工作内容主要包括参展目标讨论、成本预算、团队组建等。如果是模拟参展企业,在这个阶段还需要选择参展的商品。

展前8个月到9个月则是参展信息搜集和向主办方提交申请的阶段。展前6个月到7个月则开始进入具体实施阶段。展前5个月主要负责参展宣传、广告、展品选择等各项具体措施安排。展前3个月是对展台现场的具体准备阶段。展前3天则主要是各项活动是否准备到位的检查阶段。

参展进度规划控制包括定期收集参展项目完成情况的所需数据,将实际完成情况与计划进度进行比较,一旦实际完成情况晚于计划进度,要采取纠正措施。这项工作必须在整个展出工作进程中经常进行。

第八节是模拟参展企业的一份参展计划书,并在每一部分后给出评价意见,以供参考。

第四章　出口商品参展计划书的撰写　　　55

第八节　参展计划书案例分析

这里,我们提供一份参展计划书,并在计划书的每个部分附上分析评价的内容以供参考。这份参展计划书是上海大学学生代表上海市映象苏绣有限公司参加 2014 年国际贸易模拟商品展销会时的设计方案。

国际贸易参展
商业计划书

参展公司:上海市映象苏绣有限公司
Shanghai Impression Su Embroidery, Co., Ltd.
参展商品:苏绣制品
Products Made by Su Embroidery
参展学校:上海大学悉尼工商学院
Sydney Institute of Language and Commerce,
Shanghai University
指导老师:贾利军

2013 年 12 月 12 日

参赛团队基本资料

参展公司	上海市映象苏绣有限公司		
参赛学校	上海大学悉尼工商学院		
参展商品	苏绣制品（Products Made by Su Embroidery）		
参赛队员	姓名	分工	专业
队长	朱进	联系公司,组织	国际经济与贸易
队员	陆怡希	发布会,谈判	国际经济与贸易
队员	徐海萍	发布会,谈判	国际经济与贸易
队员	许植牧	财务,发布会	国际经济与贸易
队员	王松	资料收集,发布会	国际经济与贸易
队员	陈若羿	展台设计,发布会	工商管理
指导老师	贾利军		
联系方式	上海大学悉尼工商学院		

目　　录

1. 映象苏绣参展目标规划
1.1 映象苏绣参展宗旨
1.2 映象苏绣参展目标
1.2.1 扩大销售市场,挖掘潜在客户
1.2.2 展示公司产品,提高公司知名度
1.2.3 了解客户需求,获得第一手反馈
2. 苏绣产业与产品调查分析
2.1 苏绣产业发展及产品需求分析
2.1.1 苏绣的历史追溯
2.1.2 苏绣的发展现状
2.1.3 苏绣产品的需求分析
2.2 参展企业及参展产品介绍
2.2.1 参展企业介绍
2.2.2 公司主营产品介绍
3. 苏绣制品参展营销策略规划
3.1 客户驱动型营销战略
3.1.1 市场细分
3.1.2 差异化和定位
3.2 映象苏绣产品出口
3.2.1 间接出口
3.2.2 电子商务
4. 映象苏绣展会策划
4.1 展前策划
4.1.1 展前宣传
4.1.2 参展准备
4.2 产品发布会
4.2.1 人员安排
4.2.2 场地布置
4.2.3 剧本表演

4.3 客户接待
4.3.1 客户接待步骤
4.3.2 基本接待礼仪
4.3.3 客户接待技巧
4.4 展后跟踪
4.4.1 客户分类和跟进
4.4.2 展后宣传和总结
5. 映象苏绣参展财务预算
5.1 支出费用
5.2 参展效益分析
5.2.1 带有苏绣特色的姑苏水乡文化得到宣传
5.2.2 产品销售额的潜在增加
5.3 参展的材料准备和注意事项
5.3.1 参展材料
5.3.2 注意事项
6. 参展进度规划

注意：目录一定要简洁明了，并且格式效果一定要好，最好是自动生成目录。这份计划书的目录效果还是不错的。

1 映象苏绣参展目标规划

1.1 映象苏绣参展宗旨

展会作为一种企业展示产品和技术、拓展渠道、促进销售、传播品牌的宣传活动，是进出口企业最重要的营销方式之一。首先，展会能够吸引媒体的关注度，为企业展示产品、提高知名度提供一个良好的契机。其次，通过展会，企业能够面对面地接触大量客户，为客户提供获取信息的直接渠道。另外，展会为企业提供了一个扩大销售市场、挖掘潜在客户的契机，同时这也是一个获取有用的市场信息和行业发展趋势的好时机。

上海市映象苏绣有限公司，是一家专业从事手工苏绣开发设计、生产、销售，注重弘扬中华江南特色艺术的专业公司。苏绣为"苏州刺绣"的简称，是中国四大名绣之一，以其表现手法细腻、逼真而闻名。苏绣的发源地在苏州吴县一带，现已遍布很多地区。苏绣具有图案秀丽、构思巧妙、绣工细致、针法活泼、色彩清雅的独特风格,地方特色浓郁。绣技具有"平、齐、和、光、顺、匀"的特点。历史悠久的苏绣以其典雅的文化韵味,在我国民间艺术中堪称独树一帜,千载之下散发着东方文化魅人的芳香。

展会营销有着成本低、接触面大、工作量较少、具体直观等特点。映象苏绣由于具有美学性与艺术性的特点,特别适于展会宣传,将苏绣之精美灵动以最直观的方式展现在中外友人的面前。"中国(昆山)国际贸易商品展"是中国商业联合会精心培育打造的核心品牌项目,在业界形成了广泛的影响力和号召力。为开拓海外市场,公司将牢牢抓住这一契机,展现产品特点,了解市场需求,探索潜在机遇,从而完善产品和市场策略,提升公司的知名度,促进公司的长远发展。

此外,此次展会也是推广中国文化的契机,我们希望以苏绣产品为载体,通过传统表演和专业讲解,在国内外友人面前展现苏绣的独特魅力,传播中华的千年文化。

1.2　映象苏绣参展目标

通过展会,我们旨在达成以下目标:

1.2.1　扩大销售市场,挖掘潜在客户

众所周知,中国是世界纺织品贸易最大的生产地和出口国,然而我们自己的苏州绣品却很少出现在国外市场上。苏绣出口量小,也为我们提供了机会,映象苏绣正是瞄准了市场的相对空白以及苏绣本身美学和文化的吸引力,积极开拓海外市场。这次展会是一个很好的平台,我们能够直接接触到大量国外客户,集中向其推广苏绣文化,为扩大市场、挖掘客户打下坚实的基础。

1.2.2　展示公司产品,提高公司知名度

映象苏绣将在展会上以表演和解说的形式,将公司苏绣产品的特点、蕴藏的民族文化以及公司的文化理念融合在一起。相信通过这种艺术与美的展示,"映象"的品牌和公司形象能够给客户留下深刻的印象。

1.2.3　了解客户需求,获得第一手反馈

苏绣和其他民间工艺一样都含有各式各样的吉祥图案纹样造型,是一种对偏好和审美变化十分敏感的产品,很多情况下甚至需要专门定制,因此消费者的需求趋势和反馈就显得尤为重要了。尤其是国外消费者,他们的需求和中国客户也许存在不少差异。参加这次展会,我们能够面对面地向客户展示、介绍和沟通,直接了解客户的需求和评价,听取他们的意见,从而能够提升改进我们的产品,进军国际市场。

评价意见:这个部分是根据自己公司的情况,结合本书给出的目标,挑选适合自己公司的目标进行论述。

2 苏绣产业与产品调查分析

2.1 苏绣产业发展及产品需求分析

2.1.1 苏绣的历史追溯

苏绣的发源地在苏州吴县一带。早在春秋时期,吴国已将刺绣用于服饰。到了明代,江南已成为丝织手工业中心。在绘画艺术方面,出现了以唐寅、沈周为代表的吴门画派,推动了刺绣的发展。刺绣艺人结合绘画作品进行再制作,所绣佳作栩栩如生,笔墨韵味淋漓尽致,有"以针作画""巧夺天工"之称。自此,刺绣艺术在针法、色彩、图案诸方面已形成独特的艺术风格,在艺苑中吐芳挺秀,与书画艺术媲美争艳。清代是苏绣的全盛时期。当时苏绣以"精细雅洁"而闻名,苏州更有了"绣市"的誉称。到了清末民初,沈寿新创的"仿真绣"传誉中外。新中国成立后,苏绣得到进一步的恢复和发展。1950年后,国家专门设立了苏绣研究所,并开办刺绣训练班。苏绣的针法由原来的18种发展到今天的40余种。

苏绣是以苏州为中心包括苏南地区刺绣品的总称。苏绣具有图案秀丽、构思巧妙、绣工细致、针法活泼、色彩清雅的独特风格,地方特色浓郁。绣技具有"平、齐、和、光、顺、匀"的特点。现在苏绣工艺已达到很高的水平,绣品多次在国际、国内获奖。苏绣由传统单纯的手工艺品演变成为当代市场条件下的文化消费品,赋予了苏绣新的文化内涵。当传统的民间刺绣艺术以当代商品形式出现后,在获取了大量经济效益的同时,也有效地发展了自身,在互动之中,既创造了苏绣的经济价值,又繁荣了苏绣的设计创造艺术。2006年,苏绣经国务院批准进入第一批国家级非物质文化遗产名录。

2.1.2 苏绣的发展现状

在科学技术和经济高速发展的形势下,在现代化快节奏的当代生活中,人们在追求形式美、色彩美、高效率的生活生产节奏时,往往忽略了传统精致的手工艺,而苏绣的精细雅洁和浓厚人文情怀是大工业生产、电脑等高科技以及机械化永远无法取代的。

苏州刺绣名扬天下,但刺绣艺术也日益面临知识产权问题的发展瓶颈:绣娘们的刺绣作品底稿少有原创,而自己的精品常常被别人仿冒。苏绣面临的这一窘境引起最高人民法院和苏州虎丘区人民法院的极大关注。2009年,在位于苏州刺绣之乡——镇湖的苏州刺绣博物馆内,召开了"刺绣非物质文化遗产传承、发展与知识产权保护研讨会",最高人民法院、苏州大学学者与镇湖刺绣行业协会、著名刺绣艺术家们一起,研讨如何通过司法保护镇湖刺绣工艺。

苏绣经过两千多年的发展,已形成独特的刺绣风格,但时代不断进步,艺术也需要与时俱进。面对各种新形势的发展,苏绣企业纷纷改革,提出"苏绣礼品商务化,苏绣家装设计化"的理念,让传统的民间苏绣工艺不再奢侈,而是走进千家万户。个性化的量身定做,让苏绣不再局限于陈旧的模式,而是更多地融合购买者的思路与理念,通过纯朴的苏州绣娘纯手工刺绣而成,让苏绣不仅是艺术,还更多地渗透人性化的品味。

2.1.3 苏绣产品的需求分析

1. 苏绣产品现阶段市场需求状况

苏绣产品在清代时达到鼎盛,但由于战乱,随后发展受到阻碍。改革开放后,苏绣产品市场开始复苏,产品类别更加丰富,做工也更加精细。但是,总体来说,由于前些年市场的不规范,苏绣行业依然具有巨大潜力。2006年以后,随着苏绣进入国家非物质文化遗产名录,生产苏绣的厂家开始增多,产品价格下降。苏绣的艺术性与实用性的结合使苏绣需求量日益增加,其产品覆盖面广泛,不仅适用于家居装饰,也进入人们的服饰及日常实用品。各类苏绣精品在国际范围内的获奖也打开了国际市场,国际需求与日俱增,但是近年的经济危机也对出口苏绣造成了一定的影响。

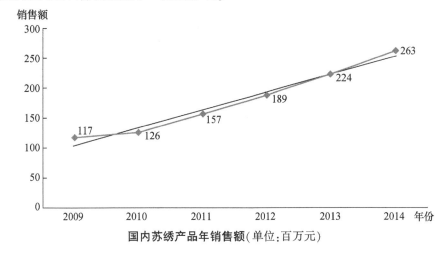

国内苏绣产品年销售额(单位:百万元)

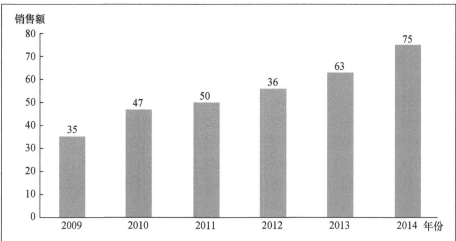

苏绣产品年国外市场出口额(单位:百万元)

2. 苏绣产品需求区域分析

(1) 国内市场区域

近年来,随着收入水平、生活质量的提升,人们对于物质文化的需求日益增长。苏绣产品越来越受到广大消费者的青睐。通过对于销售区域分布的分析,以苏绣为中心,对于苏绣产品最为了解、接受度最高的华东区域占有的国内市场份额最大,而居民收入水平相对较低的西北区域对于苏绣产品的消费则很少。

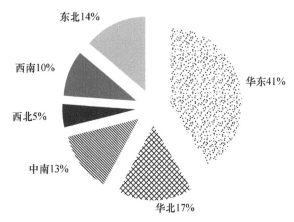

(2) 国际市场区域

随着苏绣产品在国际产品博览会上屡获大奖,国际市场对于苏绣产品的认可度急剧上升。如今,苏绣类产品已广销日本、美国、澳大利亚及英国、法国、德国和意大利等欧洲国家。其中,欧洲地区所占有的整体市场份额最大,日本成为最大的苏绣进口国。

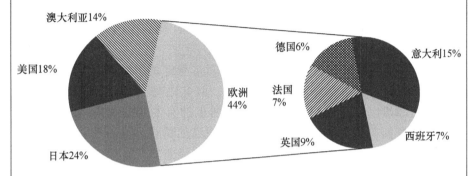

3. 苏绣产品未来需求分析

苏绣产品在可预见的未来需求之中,将呈上涨趋势。作为新商品的苏绣,应用领域不断发展,其功能和意义不再局限于服装,更注重一种生活形态的情感表达,不仅装饰环境、烘托艺术氛围,而且营造了丰富多彩的情调和意境;不但能够体现使用者个人的生活品味、艺术修养和文化内涵,更能够显示出人们不同的个性特征和社会地位。苏绣营造出的艺术感给人极大的精神享受,不论将其作为生活实用类用品还是艺术装饰类用品,其带来的独特艺术感将会持续吸引消费者。

同时,国际市场也会得到极大的开发,市场份额将会剧增。《意大利皇后像》《少女》《猫》这些享誉中外并获得国际大奖的作品,是一个时代民族文化的象征,甚至是无法重复和再造的艺术品。国外买家必将会加大对于苏绣产品的关注程度,苏绣产品的国际贸易和海外市场将会成为国内苏绣厂家重要的销售渠道。

除此之外,由于知识产权等影响苏绣产品创新的问题也得到一定解决,当代苏绣发展的市场环境和政策环境逐步完善,苏绣产权保护法律法规的建立健全将会进一步规范苏绣市场,保持苏绣市场的平稳发展。

2.2 参展企业及参展产品介绍

2.2.1 参展企业介绍

映象苏绣是一家专门从事手工苏绣开发设计、生产、销售,注重弘扬中华江南特色艺术的专业公司。公司在苏州从事的刺绣行业十余年,积累了丰富经验,依托特聘的专业人才优势,根植于厚重的传统艺术土壤,一贯秉承"专业、创新、求精、诚实"的发展理念,始终遵循"让艺术融入生活,让生活更加美丽"的公司使命,立足上海,放眼国际。公司的主要产品有:单面绣、双面绣、礼品苏绣、软裱苏绣、定做苏绣,销往全国各地及海外,受到国内外客户的认可和喜爱。

映象苏绣有专业的设计团队,会为顾客量身定做所需产品,同时也一并收录了数千种苏绣高清图片供客户选择。除此之外,公司从国外进口数台先进的打印机以保证作图质量。映象苏绣也拥有专业的绣娘团队,每位绣娘均挑选自拥有多年刺绣经验、专业技术精湛的绣业人员。现阶段,映象苏绣在上海地区有三家分店,其主要业务不仅仅涵盖华东区域,全国其他地方如北京、大连、广州等地对苏绣也有较高需求。像我国港澳台地区以及意大利、英国、法国等欧洲国家近年来与公司的订单签署也日趋密集。公司在保持在国内市场份额的同时,正在积极寻求开拓海外市场,试图将能够代表本民族文化的苏绣推向世界的舞台。

2.2.2 公司主营产品介绍

映象苏绣成立后,通过吸收吴门画派、民族画、国画以及传统手工艺术品甚至是西洋画的特点,在优秀的专业团队打造下,在针法、色彩、图案诸方面形成独特的艺术风格。公司所生产产品不仅仅是作为单一内涵的物品而强调它的文化色彩,同时强调文化与生活的和谐统一。公司推出了映象苏绣之绣语系列,这个系列的产品种类齐全:按品种分,有双面绣、单面绣;按体积造型分,有台屏、墙屏、地屏和大型组合屏风;按表现内容分,有人物、宠物、花鸟、风景、静物、特色建筑物……同时,公司还推出了更加亲民的产品系列——映象苏绣之绣韵系列,其中包括苏绣酒套、丝绸制苏绣围巾、绣花靴。公司产品在国内外都享有较高的声誉。

1. 映象苏绣之绣语系列

(1) 单面绣

所谓单面绣,就是在一块苏绣底料上,绣出单面图像,可以是花草、人物、动物、写真之类,背面装裱画板,外加中式或西洋画框。单面绣一般悬挂于墙上,图案精美,可供人仔细欣赏。单面绣的特点是做工精致,由于价格适中,性价比非常之高,因此相对于双面绣,更受大众喜爱,市场占有率极高。

第四章　出口商品参展计划书的撰写

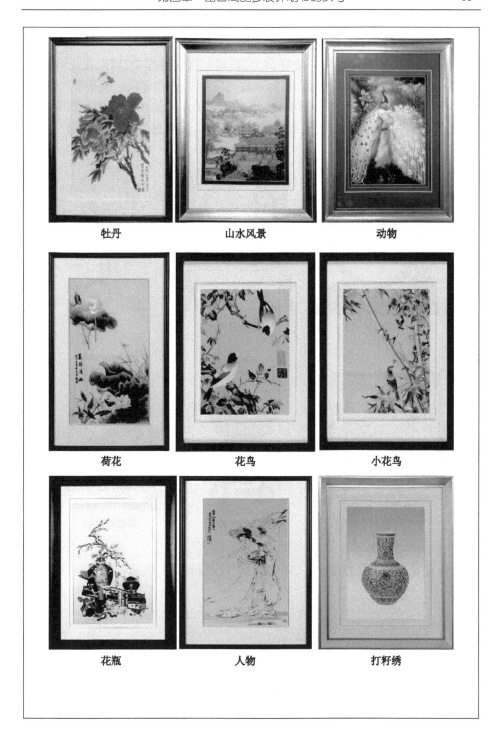

牡丹　　　　　　山水风景　　　　　　动物

荷花　　　　　　花鸟　　　　　　小花鸟

花瓶　　　　　　人物　　　　　　打籽绣

(2) 双面绣

所谓双面绣,就是在同一块底料上,在同一绣制过程中,绣出正反两面图像,轮廓完全一样,图案同样精美,都可供人仔细欣赏的绣品。在苏绣艺术中,双面绣可以说是皇冠上的一颗明珠,集中体现了苏绣的技艺水平。如今的双面绣已发展为双面异色、异形、异针的"三异绣",把双异绣技术发展到神奇莫测的境界。

龙头架　　　　　　外方内圆　　　　　　宫扇

横台屏　　　　　　紫檀圆台屏　　　　　紫檀竖台屏

(3) 软裱苏绣

软裱是单面绣的裱法之一,不带画框、玻璃和背板,依然有款有型,更便于携带。

牡丹　　　　　水乡　　　　　动物

苏绣卷轴　　　　　山水风景

（4）屏风

　　苏绣屏风的屏心薄而通透，既将居室布置得精致而巧妙，又保持空间良好的通风和透光率，营造出"隔而不离"的效果。同时，苏绣色彩清新亮丽，图案丰富多样。这样的屏风不论置于现代还是古典、豪华还是素雅的居室，都能起到画龙点睛的作用。

大型屏风

2. 映象苏绣之绣韵系列

(1) 酒瓶绣套

当酒的醇香遇到绣的韵味,不论是葡萄干红还是陈年白酒,酒与绣的结合就是一种文化的碰撞。将酒瓶深藏于绣套之中,不仅仅可以表达爱酒之人沉醉于绣文化,同时表达了对中国文化的喜爱,传递出酒绣融合的感觉。此外,以绣品装饰酒瓶体现出酒主人的独特品味,不论是美化酒架上的酒品收藏还是赠送亲朋好友的酒瓶装饰,都将会别有一番风味。

(2) 丝绸制苏绣围巾

苏绣作为民间广受喜爱的布料图案,其柔美秀丽的独特韵味最能在丝绸这样的布料上体现。其中的花色透过绣娘的一针一线,密密缝在丝绸缎之上,触感温婉柔顺。这样精致细腻的围巾能够体现我国源远流长的江南水乡文化,让人体会诸如"蝶恋花"般的浪漫情愫。

(3) 绣花靴

常见的苏绣产品多以艺术品或软布料产品为主。然而,映象苏绣所能提供的还有一种老少皆宜的产品——靴子。靴子是秋冬必备单品之一,精细的苏绣在简单的底色之下衬托出一种江南水乡独有的古典韵味——静谧悠远,宁静致远。映象苏绣让你从一双靴子中穿出品位,穿出格调,穿出气场。

评价意见:这部分对产业、产品介绍较详细,产品系列非常清楚,不足的是对产品的国内市场和国际市场的供需、竞争情况没有作详细分析。在写参展计划书时,需要对国内竞争企业产品进行分析,了解竞争企业产品的优势与劣势,才能选择对自己有利的产品进行展示;也只有对国外需求情况进行详细分析,才能在展会上瞄准目标客户进行谈判。

3 苏绣制品参展营销策略规划

3.1 客户驱动型营销战略

3.1.1 市场细分

由于消费者在需求、资源、地点、购买态度和购买行为上的差异性,企业需要通过市场细分,将庞大的、不同质的市场划分成更小的、能够提供与消费者的独特需求相匹配的产品和服务。以下将根据苏绣的特性,进行消费者市场细分和国际市场细分。

3.1.2 差异化和定位

除了决定将目标定在哪些细分市场,企业还要确定其价值主张——如何为目标细分市场创造差异化的价值,以及在细分市场占据怎样的定位。产品定位是以消费者对重要属性的感知,即相对于竞争者而言,企业产品在消费者心中的位置定义产品的。一方面,企业需要与目标客户(包括海外或国内分销商以及终端客户)建立起盈利性的关系。企业要比竞争者更好地理解顾客需求,传递顾客价值,获得竞争优势。另一方面,企业需要明确自己的价值主张,作为品牌差异化和定位基础的完整的利益组合。本公司主要定位在更多的利益、更低的价格与同等的利益、更低的价格两部分。

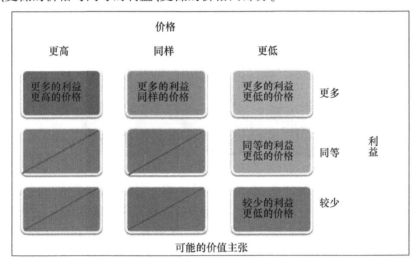

可能的价值主张

3.2 映象苏绣产品出口

产品出口是最普遍、最初级的市场进入方式。出口进入模式包括间接出口和直接出口、直接销售、网络营销。作为一家中小规模的企业,上海市映象苏绣公司主要采用间接出口的方式,辅以网络营销的电子商务方式,将苏绣的产品出口到目标市场。

3.2.1 间接出口

上海市映象苏绣公司主要通过国内中间商的平台的间接出口形式将苏绣出口到目标出口国。间接出口的方式能够为本公司的苏绣提供销路,而且可以充分利用外贸公司国际营销的经验、信息、网络,顺利进入和开拓国际市场。通过间接出口,公司可以致力于设计制作苏绣以及苏绣手工技艺等推广工作。

这种方式非常适合公司目前规模小、销售渠道有限、资金不足、国际营销经验不足的现状，并且灵活性强，可以最大程度减少可能的风险。

间接出口模式的流程

间接出口和直接出口优劣势对比

间接出口		直接出口	
优势	劣势	优势	劣势
不要求企业具有任何国际营销经验	企业无法了解和控制海外市场	摆脱对出口中间商的依赖	灵活性较差
不要求企业处理任何国际营销业务	不利于企业积累国际营销经验	积累国际经验和培养国际人才	成本较高
风险小	不利于树立企业国际市场形象（品牌）	可以提高国际市场形象	对出口规模较小的企业缺乏规模经济
灵活性强	对中间商依赖性强	掌握国际市场第一手信息	

3.2.2 电子商务

电子商务是利用公司官方网站进行苏绣的在线销售。网络营销方式成本比较低，依赖于互联网的渗透和广泛的信用卡的使用。目前，互联网和信用卡的普及率高，很适合通过电子商务的模式对制作精良的苏绣进行推广和销售。通过网络平台，映象苏绣可以以视频、图片的方式生动地展示苏绣无与伦比的魅力，并进一步宣传苏绣文化。

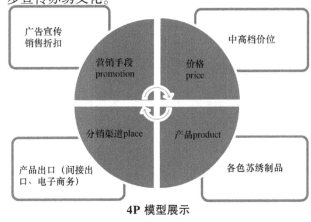

4P 模型展示

评价意见：这部分在写作时主要应该对苏绣企业在"参战"过程中的营销策略进行规划与阐述，而不是蜻蜓点水般地对现有营销渠道进行介绍。因此，写作时可以根据本章第四节进行设计与撰写。

4 映象苏绣展会策划

4.1 展前策划

本次国际贸易商品展的展品种类众多，为在琳琅满目的展品中更好地表现苏绣制品的优点并取得最佳的展出效果，本公司将重点做好展前的宣传和一系列的准备工作，为后期的展中营销和展后跟踪打下坚实的基础。一方面，我们将集中精力于展前的宣传工作，通过多种媒介和渠道宣传公司的产品和产品的文化底蕴，以提高以特色产品作为品牌的公司在潜在客户群中的知名度，尽可能扩大公司的销售面。另一方面，为确保参展当天正常有序的工作和展示，我们将做好与之相关的准备工作，使参展期间的工作更有组织性和计划性，从而提高展览的质量，取得最佳的展览效果。

4.1.1 展前宣传

1. 平面媒体宣传

（1）杂志上刊登宣传广告

杂志具有宣传针对性强、广告有效期长、广告对象理解度高、制作精美等优势，是传统媒体中覆盖面最广、效果最佳的信息传播媒体。为了在平面媒体宣传中更加有效地展现本公司产品的特点及优势，以得到更多消费者的认可和喜爱，从而获得更多的客户，我们团队选择了在国内外采购商中受到广泛认可的专业类杂志作为本次展会中传统平面媒体宣传的重要部分，具体杂志名称和简介如下：

杂志名称	简介
广交会会刊	被誉为广交会来宾的"采购指南""买家手册"，信息全面，资讯翔实，发行广。

（2）展会室内外海报宣传

海报宣传是在展会会场内外的静态展示中最直观、最有效的宣传方式。在展会的外场，我们将设置大幅的产品宣传海报，结合苏绣制品的精致及其本身所附带的江南文化特点，搭配适量的外场展示，可以有效地吸引客户的眼球，达到良好的宣传效果。此外,在展会内场的展台上,我们也将张贴若干产品的宣传海报,进行二次的海报宣传,可以使本公司的形象以及苏绣产品鲜明的艺术特点有效深入参展客户的印象中,形成一定的知名度,从而吸引更多的潜在客户。

（3）稿件撰写

在产品发布会前期,我们撰写关于产品历史背景、性能、特点等稿件以及发布会信息的预告,通过递进式预告的宣传方式,逐渐揭开苏绣发布会的秘密。在产品发布会后期,我们会通过以群众反响、反馈和后期采访等形式,对发布会情况作一总结。最后,我们将稿件投至各大报社,从而起到营销宣传的效果。

（4）宣传单、宣传册

我们通过精心设计带有苏绣古色古香和现代化结合的独特风格的宣传单和宣传册,对苏绣产品作一整合和展示,发给前来发展的中外商家,方便他们了解我们的产品和联系我们。

2. 立体媒体宣传

(1) 网络平台的广告宣传

网络在当今社会的影响力迅速膨胀,所以互联网也就演化为企业快速成长的"发动机",运用网络方式宣传展示企业产品,使信息的传递更新、更加及时,面对的客户群更加宽广,其宣传效果也不受地理位置的限制,并且广告成本十分低廉经济。因此,在信息化成为主流趋势的今天,本公司建立了自己的公司网站,同时也计划在国内外知名度较高和访问量较高的专业外贸网站上刊登公司的宣传广告,具体网址和简介如下表所示:

网站网址	网站简介
http://www.suxiuchina.net/	本公司网站主页
http://www.cantonfair.org.cn/cn/	中国进出口商品交易会官方网站
http://www.alibaba.com/	阿里巴巴,全球最大B2B网上贸易市场平台
http://www.made-in-china.com/	中国制造,B2B国际贸易首选网站
http://www.qqswzx.com/	环球贸易网,全球最有价值的B2B商务平台
http://cn.china.cn/	中国官方权威的B2B电子商务网上贸易平台

本公司网站主页如下:

(2) 多媒体平台宣传

在信息技术高速发展的今天,视频等动态媒体宣传所带来的高知名度和品牌效应使这些多媒体宣传渠道获得更多企业的青睐。除了在展会中的静态展示以及网络平台的宣传,本公司也计划制作一系列的产品宣传片,在公共场所的电子广告栏等移动电子设备上播出,从而扩大并加强公司的宣传角度和力度,有效提升公司以及特色产品的社会知名度。

3. 实体店面宣传

本公司产品的主要销售方式是实物销售,因此实体店是本公司主要的销售通道。同时,本公司在苏州从事刺绣行业十余年,积累了丰富的经验,拥有了一大批忠实的客户。展会期间,我们将在实体店中设置本次展会的宣传海报及宣传手册的展架,吸引更多的顾客亲临展会现场参观考察。本公司直营店名称和地址如下:

名称	地址	电话
上海市映象苏绣实体店	上海市长宁区淞虹路138号	021-62391247

4. 向客户发送邀请函

本公司在苏州从事刺绣行业十余年,积累了丰富的经验,依托特聘的专业

封面　　　　　　　　　展开后内页

封底

对折形邀请函

人才优势,根植于厚重的传统艺术土壤,一贯秉承"专业、创新、求精、诚实"的发展理念,始终遵循"让艺术融入生活,让生活更加美丽"的公司使命,立足上海,放眼国际。公司扎根上海后不久就拥有了一定数量的忠实客户,同时也不断有新的客户群体前来公司洽谈业务和订购产品。借此国际贸易展会的良好契机,为巩固与老客户的交流和沟通,增进彼此的信任,促进更好的合作,公司将向所有印象苏绣的老客户发送精美的纸质和电子版的邀请函,诚挚地邀请他们前来观摩。同时,我们也不忽视前来咨询或有意向与本公司合作的潜在客户群,这将对提高本公司的对外形象起到很好的效果。

4.1.2 参展准备

1. 人员准备

人员的正确配备和分工是展会成功的关键因素之一。为了取得最佳的展览效果,树立良好的公司形象,赢得广大客户的认可和青睐,公司将精心选拔骨干员工作为本次展会的参展代表。选拔的标准应为:(1)熟悉公司的日常业务,尤其对公司的主要产品有深入的了解;(2)熟悉国际贸易的基本准则和实务规范,能够独立或在协助下进行业务洽谈和贸易谈判等;(3)精通英语,能够熟练运用英语进行日常商务交流和谈判;(4)具备基本的参展素质,如富有责任心、亲和力强、善于处理突发事宜和心理承受能力强等。另外,人员分工也同样重要,我们将安排3—4人负责客户接待,并印制名片以方便与客户联系,其余人员也将有各自负责的工作,保证整个展览过程高效而有序地进行。

2. 产品准备

精良的产品是公司在成功的商品营销中取得良好销售业绩的基础和根本,因此对产品的选择和产品系列的构思是我们参加这次展会的重要考虑方面。考虑到本次展会是国际性的贸易展会,海内外嘉宾都将是本次展会的积极参与者,因此我们将会选择最能代表公司发展理念和核心价值观,以及最能体现中华民族传统文化和手工艺品制作水准的产品参加展会。文化古城苏州素有"人间天堂"之称,在这优美环境里孕育出的苏州刺绣艺术,亦早已闻名于世。小桥、流水、人家、园林、昆曲、美食、古典格局、诗意江南,深得海内外消费群体的青睐,是中华民族手工艺品的经典代表。公司选取包括软裱苏绣(卷轴等)、单面绣、双面绣(台屏、宫扇等)以及大型双面苏绣屏风等在内的多种苏绣制品在本次展会中展示。其中,部分展示产品的详细资料如下表所示:

苏绣制品展示（部分）			
产品图片	产品名称	产品规格	产品价格
	单面绣	画心尺寸：100cm×50cm 加框尺寸：131cm×76cm	USD 625
	双面绣 （台屏）	双面绣尺寸： 32×30×6cm（长×宽×高）	USD 460
	双面绣 （宫扇）	底座尺寸： 26×9×50cm（长×宽×高） 图案尺寸：22×22cm	USD 494
	软裱苏绣	整体尺寸：53×43cm 画心尺寸：40×30cm	USD 576
	双面绣 （大型屏风）	屏风展开整体尺寸： 380×220cm 中间屏风画心尺寸：68×98cm 整体尺寸：102×219cm 左右两边画心尺寸：33×98cm 整体尺寸：68×213cm	USD 21080

（续表）

产品图片	产品名称	产品规格	产品价格
	软裱苏绣（苏绣卷轴）	画心尺寸：60×90cm 软裱尺寸：75×155cm	USD 825
	苏绣酒套	高度：25cm	USD 25
	丝绸制苏绣围巾	宽度：30cm 长度：160cm	USD 108
	绣花靴	筒高：23cm 筒围：32cm	USD 196

3. 产品宣传手册准备

苏绣产品博大精深,历史底蕴深厚,受到参展展位空间限制,个中的历史传统文化无法完全得到展示。为了让客户对公司的产品有全面而系统的了解,我们将为本次展会印制精美的产品宣传手册,其中包括公司的基本概况及产品的具体信息,让更多客户有机会接触到各式各样的苏绣制品。

4.2 产品发布会

4.2.1 人员安排

孙子	陈若羿
奶奶	王松
回忆场景解说人	朱进
被追女孩	陆怡希
绣娘兰兰	许植牧
绣娘梅梅	王松
外国女孩	徐海萍

4.2.2 场地布置

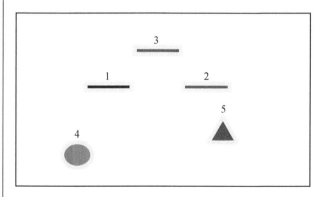

1. 绣娘兰兰的兰花屏风
2. 绣娘梅梅的牡丹屏风
3. 外国女孩的私人定制照屏风
4. 女孩的主要位置
5. 老奶奶和孙子的位置

4.2.3 剧本表演

场景一(开场):1′30″

孙子背着个包走上台,说:"今天是奶奶的生日,回家探望她,还特意带了份礼物。"

说完,孙子走到奶奶(已经坐在位于台上的椅子上)面前,说:"奶奶,孙儿回来看你了。今天是您的生日,特意给您带来了一双靴子(从包里拿出靴子),这是由您最喜欢的苏绣做成的,小时候常看您穿呢。"说完,孙子将靴子递给奶奶。

奶奶接过靴子,端详着它,微微地侧抬起头,若有所思地说:"这双靴子又让我想起了那些年我做女红的日子。"

(此时背景屏幕视频中淡淡的音乐响起,10秒钟后,解说人出现。)

一个穿西装的解说人走到台前,伴随着视频,开始解说奶奶回忆的内容(主要是简略介绍苏绣的历史及文化)。

(解说完毕后,解说人退场,视频继续但音乐减弱,10秒后,视频结束。)

奶奶说:"那就是那些年我眼中的苏绣。"

(奶奶说完便掏出一条围巾递到孙子面前。)

奶奶继续说:"这是我年轻时做女红的第一件作品,异常的珍贵,现在把它送给你,希望你以后能把它送给你喜欢的女孩子,也算是一种传承了吧。"

(孙子接过围巾,走到台前,面对观众,仔细欣赏。与此同时,从舞台左侧默默走上一个女孩。)

主要卖点:

苏绣的历史可以追溯到南宋时期。民国时期,苏绣盛极而衰,一直到20世纪80年代才见起色。苏绣凭借其丰富的文化价值、精美的图案、柔和的色彩以及生动的针线已经成为中国的国礼,甚至已经闻名世界。今天,苏州镇湖"十万绣娘"以及收藏界"藏金不如藏绣"的说法就见证了苏绣的新历程。

场景二:1′

(孙子谢过奶奶,收起围巾,将奶奶送至台位2附近,转身看到那个女孩,甚是喜爱,惊呼状,并用手放在胸前做出一齐跳动的动作。)

(然后,孙子很自信地走到那个女孩面前。与此同时,放出《甩葱歌》。)

(孙子从包里掏出葱,女孩摇摇头没有接,又掏出尖叫鸡,女孩生气地将头扭到一边。)

(这时候孙子掏出刚刚奶奶送的围巾,放到女孩的面前。)

孙子说:"这是苏绣做成的围巾,是我奶奶很珍贵的东西。"

女孩说:"这个围巾好漂亮啊,手感顺滑,花纹图案别致,给人一种很温暖的感觉,和我以前见过的围巾都不一样!"

(孙子将围巾拿过来帮女孩围上,最后用借位的方式亲一下女孩,然后对着观众做出害羞状,飞快地走下台。)

主要卖点：

苏绣在发展过程中丰富其产品组合,推出了靴子、围巾等其他价格较为低廉、更加贴近生活的亲民产品。这类产品的出现可以大大提升苏绣的实用性,使得大部分顾客在以较低的价格消费他们欣赏的苏绣产品的同时,还可以把穿在身上、戴在脖子上,以便将苏绣的文化底蕴传递给更多的人群。这类产品在传播苏绣文化的同时,还能够更为切实地为消费者提供实际功效,也可以表明苏绣能够传承文化、寄托情感的深层作用。

场景三:2′

(女孩将眼神从孙子身上移到围巾,再移到观众席。)

女孩说道:"这不仅仅是一条围巾,我已经对它有了一种特殊的感情。这就像我和他之间的定情信物一样,维系着我们之间的感情。于是,我对苏绣就有了极大的兴趣。一开始,我只是以为苏绣就是这么简简单单的生活用品,是这么亲民的产品。但是,随着了解的深入,我发现了一些更加神奇的东西。现在就让我来告诉你们,我知道的更多的苏绣故事。"

(女孩说完后,侧过身,面对着已经放在台上的屏风。)

(此时,音乐响起。)

(从屏风后缓缓飘出一个跳舞的女孩——绣娘兰兰。)

(女孩开始介绍屏风。)

(绣娘兰兰舞蹈结束后,邀请绣娘梅梅。绣娘梅梅捧着竹篮出现,从竹篮中拿出宫扇跳舞。绣娘兰兰在一旁坐着,并看向舞动的绣娘梅梅。)

(女孩这时候作为解说员,开始逐一介绍两个绣娘手中的单面绣、双面绣(宫扇),并且讲述了绣娘的融情于绣。)

(介绍完毕,绣娘继续跳。10秒后,绣娘梅梅和绣娘兰兰摆出结束造型。)

(女孩转身朝向观众。与此同时,两个绣娘退到屏风后。)

女孩说:"苏绣不仅仅有前面这几个漂亮的产品,它还有更多能够吸引你的产品系列。"

主要卖点：

苏绣不仅仅有亲民产品系列,更加融合了单面绣、双面绣和屏风等制作工艺更加精美、更加具有艺术气息的产品组合,是十足的将古典文化与古典技艺融合的工艺品。

场景四:40″

(这时候,两个绣娘轮流端着其他苏绣产品从屏风后走出,开始走秀表演,总共两轮,展现4个产品,30秒。女孩侧身去看。)

(在最后一轮展现完产品后,两个绣娘定格在舞台中间,女孩转过身面对观众。)

主要卖点：

首先推出"猫"这个在国际展览上获奖的双面绣系列,并且除了几个主打的苏绣工艺品之外,还有软裱、卷轴等其他同样精美的苏绣将向大家进行简要展示。

(1)为了生动表现出小猫蓬茸的毛丝和神态,绣工们不仅需要千针万线,还必须十分注重色彩的运用。仅一只小小的猫眼,就要按照瞳孔受光部位的不同,以二十多种色线表达,这样才能将猫眼绣"活"。1986年,在保加利亚举办的第六届普罗夫迪夫国际春季博览会上,苏州刺绣厂送展的一幅双面绣《长毛猫》荣获了金质奖。

(2)软裱与卷轴这两种产品是一类特殊的苏绣工艺。这类苏绣作品不像其他产品,它们没有木制的框和背板。从外观上看起来,它们更像一幅用针线画出的中国画,而且拥有更鲜艳生动的色彩,可以说是将中国画与绣品工艺完美结合。卷轴不同于软裱的地方只是在于其体积更大,而且有两根轴固定,便于展开;而软裱则更为轻盈,便于携带。

场景五：1′10″

女孩说："你们看,苏绣的产品的确不仅仅是靴子和围巾吧,还有两个美丽的绣娘展示的单面绣、屏风、双面绣(宫扇)。但是,当我把这些非常有意思的产品推荐给我的一个外国朋友的时候,却发生了这样的事。"

(这时候,一个外国女孩翩翩起舞,跳动着走到舞台中央,身体面对着观众,头偏向女孩。)

外国女孩说："你介绍的我都看到了,很漂亮。但是,作为外国人,我更希望能有个性化的东西,更能够体现出自己的独特偏好。我想把自己印上去,这样就能够完全把你们文化中的东西结合进我的爱好之中。"

这时候,女孩微笑着说："你不要太担忧,除了这么多现有的漂亮产品,最令人兴奋的是,他们还可以为你提供私人定制,从而满足顾客的个性化需求,解决特殊的设计需求,满足来自不同文化的购买者的需求。""不信,你摆个pose,他们就能做出来。"

(外国女孩做了一个动作,同时响起照相机"咔嚓"的声音。)

(原有的两个屏风拉开,从后面推出一个用白布盖着的屏风,白布掀起,出现与外国女孩一样的苏绣图案。）

（外国女孩做出很惊讶的表情，走到屏风边。）

外国女孩用不太标准的中文说："哇，漂亮！我喜欢！"

主要卖点：

除了传统工艺，为了适应时代发展潮流，满足人们日益增长的对于个性化的需求以及更好地走出国门与国际社会接轨，映象苏绣推出了私人定制的服务，只要将自己喜爱的照片或者是独特的需求告知设计师，设计师就可以为顾客量身定做他们喜爱的苏绣工艺品，使得消费者能够切实地将自己的想法融入中国传统工艺之中，使得完成的工艺品满足人们不同的艺术品位追求。

场景六：1′10″

（这时候，女孩转向观众。）

女孩说："你们看，这就是映象苏绣能为你提供的所有服务，这也是我了解到的如此吸引人的苏绣产品。难道你还没有一种购买的冲动吗？精致的单面绣，神奇的双面绣，便捷的软裱，古典的卷轴，个性化的屏风，映象苏绣将会是您不二的选择。映象苏绣，They do not create miracles, they just bring the miracle of art to you。"

（在女孩一个个念出产品的时候，每个人端着产品上场，并摆好谢幕造型。一直到女孩念出最后一句话时，一齐说："We are impression su xiu."最后，谢幕。）

总结：

通过亲民的苏绣产品系列、精美的苏绣工艺品以及私人定制的运用，映象苏绣使中国传统的文化与工艺技术深入人心，传承开来，发扬光大。

4.3 客户接待

4.3.1 客户接待步骤

1. 柜台处站两个接待员，身着丝绸制绣花服装，基调以清雅为主。他们在柜台处主动派发产品宣传单，为客户进行产品介绍，适当时可以取下博古架上的展品给顾客观赏；同时，将有兴趣的客户带领至店内，交由其他接待员陪同参观。

2. 另一名接待员引领客户在走道处参观时，可以对苏绣的分类及历史作更加深入的介绍，也可以说些关于苏绣的趣闻。同时，可以邀请客户亲手尝试一下在丝绸上舞针的感受，让顾客感受双面绣的精彩和神奇。

3. 对有意向公司购买产品的客户,可以将其领至展区内的会客区,待客户上座之后,奉上茶品,同时进一步向客户解释购买事宜,并回答客户提出的问题。如客户有非常大的意向购买我们的产品,则可以着手开始准备签订贸易合约,进行商业谈判。

4. 若成功地与客户签订合约,则可以向客户赠送本公司专门为其准备的精美纪念品;若由于种种原因未能成功地签订合约,则也同样向其赠送小礼品以示诚意。

4.3.2 基本接待礼仪

1. 保持微笑。微笑能够拉近人与人之间的距离,这同样适用于商业方面。保持恰如其分的微笑,能够让顾客感受如沐春风的温暖。主动的、简单的一句"您好,请允许我来为您介绍一下我们的产品吧",足以让客户感到重视与尊重。

2. 体现气质。古时的江南女子大都贤良淑德、温柔清雅,若接待员能够时刻展现一种温婉的气质,包括走路的轻柔、语音语调的温柔,都会让客户有一种回到古代的即视感。接待员是公司的形象,不能随意地大肆喧哗打闹。

3. 注意细节。在某些时段,来参展的人可能较为稀疏,但接待员也不应该一直坐着休息或者相互攀谈,不去理会零星的散客,也不得随意地在展位内吃喝。任何不得当的小节都有可能让客户认为这家公司不靠谱。

4. 切勿以貌取人。为了展现良好的品德与公司形象,同时衬托苏绣这一高雅的物品,接待员切记不可以貌取人,应以专业的素质接待每一位客户。客户可能来自各个国家,风俗习惯大相径庭,其中可能有西装革履的,也有穿着随性的。客户的穿着不应该成为影响本公司的服务态度与质量的因素。

5. 接待预约客户。已经邀请或得知客户会拜访之后,在客户来观展之前,就要对客户所需要的产品作详尽的了解,以便给客户满意的答复。记住客户的名字很重要,客户往往喜欢别人记住自己的名字以感受到自己的重要性,良好的主顾关系从一点一滴的培养中开始。

6. 旺季之时。在客流量较大的时间段,不能因为人太多就冷落了部分的客户。由于人手配置的限制,可以采取同时向几位客户一起介绍产品、回答问题的方式。但是,应尽可能做到一对一的介绍,有针对性地为客户服务,客户也能够体会到完全的尊重感,同时会增加出售商品的成功几率。

4.3.3 客户接待技巧

1. 在日常接待中,可以在攀谈中了解客户的爱好,针对客户的兴趣进行有重点的产品介绍。

2. 倘若客户的兴趣很大,则主动邀请客户于会客区进行洽谈,在交流中尽力了解客户的需求并据此推广产品。

3. 在交流的时候,应了解客户购买物品的目的、作用,以便更好地为客户介绍心仪的产品。

4. 在洽谈价格方面,为了避免对于公司一开始的定价,客户不能接受,从而导致客户直接离开的情况,在之前与客户交流时可以询问式地了解其心理价位,在此基础上尽力开出合理的价位,或者变换介绍的产品,以求达到双赢的目的。

5. 做好交流中重要的信息记录,请客户留下联系方式,以便做展后跟踪工作。我们可以让有兴趣但最后由于各种原因没有购买产品的客户也留下联系方式,以便今后的深入联系,这是挖掘潜在客户的好机会。

4.4 展后跟踪

展后跟踪工作是建立在展览中给客户留下良好印象基础上的重要工作,这对企业产品订单的最终获取和客户忠诚度的建立有着至关重要的作用。由于展会时间较为紧张,客户需求参差不齐,对产品的了解以及满足其需求的程度也不尽相同,公司难以在展会期间直接拿到客户的订单,而客户往往也是在仔细核对产品信息并分析财务状况后才会敲定订单。展后跟踪能够很好地抓住有意向的客户以及在需求方面摇摆不定的潜在客户,只有将这一部分工作做到尽善尽美,拿到客户的订单,展会的多方宣传及展示才能达到最终的目的,取得最好的效果。

本次展会,我们公司的展后跟踪工作主要有两个方面:客户分类和跟进与展后宣传和总结。

4.4.1 客户分类和跟进

1. 客户层次的基本分类

(1) 已下单客户(老客户)

(2) 有意向或准备下单客户(已谈妥合同)

(3) 有购买意向但部分条款未谈妥的客户

(4) 对产品有兴趣的潜在客户(已有签订合同的初步意向)

(5) 随便看看的客户

2. 客户跟进服务

(1) 已下单客户(老客户)

一是尽快发给客户正式合同或 PI 进行签字确认；

二是积极准备可能马上要生产的订单；

三是催促客户预付款项或请其尽早开证。

(2) 有购买意向或准备下单客户(已谈妥合同)

一是及时跟踪联系，相关具体交易条件要求再发客户进行确认；

二是需要打样的，马上落实打样寄样；

三是做好服务，争取尽早拿到客户订单。

(3) 有购买意向但部分条款尚未谈妥的客户

一是对客户的要求重新进行评估测算，寻求解决方案，必要时可以作出让步妥协，尽快联系客户，达成一致，以便尽早取得订单；

二是寄送产品资料、样品等。

(4) 对产品有兴趣的潜在客户(已有签订合同的初步意向)

一是发送产品资料或寄送样品；

二是电话或 E-mail 联系，提升彼此的熟悉程度；

三是给出一些有吸引力的条件，争取客户试单。

(5) 随便看看的客户

尽快确定客户的身份，即是否为潜在客户，并尝试联系客户、发送产品目录资料等，与客户建立联系。

4.4.2 展后宣传和总结

整个展览部分完成后，首先，公司应借此机会进行进一步的宣传。其次，公司应根据在整个过程中收集到的资料，分析这些信息，综合所遇到的问题，提出解决方案，同时总结需要保持的良好经验，从而帮助公司形成多次博弈后持续性的营销规划，始终把握住潜在客户。具体来说，应分为以下几个部分：

1. 公司主流平台的宣传

根据公司在展会上的良好表现及成果，公司应当在主流平台上进行广泛宣传，包括展会的相关杂志、官方网站以及本公司的官方网站，通过文字、图片、视频等方式吸引相关客户的兴趣。

2. 客户跟踪及回馈活动

公司应针对展会上咨询过或者形成合作关系的客户状况进行跟踪，通过客户具体信息以及联系方式，快速整理并进行分类，了解多数客户所感兴趣的产品点,并建立数据库,以便公司更好地把握市场导向。与此同时,公司应定期向有合作关系的顾客发送电子邮件,推送公司最新产品的信息和折扣信息,并定期免费寄送产品样本、公司的宣传手册及纪念品等回馈客户,以便长久地与客户保持联系。

3. 深度总结

公司在展会结束后,应该对从展会和谈判中记录下来的具体信息,包括对产品的建议、大部分客户所疑惑的问题等资料进行汇总分析,形成报告,提出解决方案,由此给公司提供非常有价值的市场信息,帮助公司调整营销计划。除此之外,公司也应对在此次展会中有着出色表现的工作人员进行一定表彰奖励,激励员工为公司做出更大的贡献。

评价意见:总体来讲,这部分写得还是很不错的,能够对每个环节进行详细的策划,设计比较合理;同时,对展位设计和发布会设计进行了描述,比较全面。各企业可以根据实际需要将展位设计和发布会设计单独作为一章,或者包含于此。

5 映象苏绣参展财务预算

5.1 支出费用

预算项目	明细	数量	单价(元)	金额(元)
参展费	报名与展位费	1	5000	5000
展位布置费用	3×3 海报	1	480	480
	易拉宝	1	100	100
	名片	100	200/30	15
	产品名录册	15	50	750
	产品展示架	1	300	300
人事费	服装费	5—7	100	700
	赠送的特色小礼品		300	300
差旅费	交通费	8	400	400
	住宿费	5—7	250/人	1750

(续表)

预算项目	明细	数量	单价(元)	金额(元)
	餐饮费	5—7	220/人	1540
其他费用	展位布置工具		250	250
	应急费用支出			440
			共计	12025

5.2 参展效益分析

本公司参加此次国际贸易展会，主要目的并不是向广大消费者进行大规模的销售，而是经由国际贸易模拟商品展销会这个全国性比赛组织的大平台，展示苏绣作为传统文化结晶的优良品质和文化特色，从而进一步提高公司的影响力和知名度，为公司招徕更多的潜在客户群体，获得巨大的潜在效益。

5.2.1 带有苏绣特色的姑苏水乡文化得到宣传

此次展会借助于立体的展位、展会媒体和国际性的大平台，增进了苏绣这一传统文化的知名度，同时也使得以苏绣作为重要承载的姑苏水乡文化在参展人员心中留下深刻的印象，吸引更多的游客前往苏州游览，探寻苏绣文化，是一个很好的保护和传承传统文化的契机和渠道。

5.2.2 产品销售额的潜在增加

在此次展会中，一个直接的目的就是为公司开发出更多的潜在客户，为公司开拓海外市场提供良好的契机和渠道。

一方面，苏绣作为中国传统手工艺品的杰出代表，有着深厚的历史文化底蕴，它的国际贸易历史可以追溯到几千年前，在国际消费者心中已经占有一定的分量。现当代技术的进步使得苏绣的机器化生产成为可能，通过这样的参展让苏绣艺术品走入民间，让苏绣成为喜爱中国传统文化的消费者们进行家居装饰的首选。

另一方面，苏绣因其本身的材质、丝线及绣工等工艺的考究，具有很高的收藏价值，其中蕴含的深厚的历史文化底蕴和江南水乡的特色文化也大大提高了产品附加值。通过国际贸易模拟商品展销会的平台，苏绣中丰富的文化内涵能够得以充分地展现，从而也极大地提高了产品的海内外知名度，使其在高端市场上能够获得更高的市场份额，取得更大的收益。

5.3 参展的材料准备和注意事项

5.3.1 参展材料

1. 宣传资料
（1）公司邀请函
（2）公司简介
（3）产品宣传册
（4）赠品
2. 洽谈资料
（1）名片
（2）相关合作书
3. 服务资料
服务资料包括客户资料统计表。

5.3.2 注意事项

（1）参展前，要做好物品的清点工作，做好展会布置计划，以取得展台展示的最佳效果；

（2）参展人员服装要统一，显示公司良好的精神面貌，展现优秀的公司文化；

（3）参展期间，工作人员要注意维护展厅的干净整洁，体现作为国际品牌的水准和要求；

（4）参展期间，工作人员要关注被邀请的重点客户的行踪，做好积极的接待工作；

（5）展会期间，展厅内的陈列品及展示所用的贵重物品要注意集中摆放和管理，保证公司的财务安全；

（6）展会期间，工作人员安排分工要明确，在做好本职工作且有余力的情况下，可协助其他工作人员的工作；

（7）每天闭馆后，要及时开会，总结一天的工作，发现问题并及时解决，同时与客户和潜在客户进行良好的沟通和互动。

评价意见：这部分写作总体还是不错的，除了对参展的各项费用做了预算，还分析了参展带来的收益以及参展需要准备的材料。但是，建议先介绍参展需要准备的材料，在详细介绍各项支出的费用后，再对预期的收益作出分析。在介绍各项费用支出时，可以按照教材指导，先详细介绍各项费用包含的内容，然后再列表显示。

6　参展进度规划

为保证项目顺利实施,本公司拟定了一系列参展进度规划,如下表所示:

日期	2013.12								2014.03			
具体工作	01-05	06	07	08	09	10	11-15	16-20	21-30	01-15	16-20	21-25	26-31
与企业洽谈,确定参展样品	■												
选拔确定参展人员	■												
拟定参展计划书		■	■	■	■								
拟定进度规划		■	■	■	■								
拟定人员培训规划			■	■	■	■	■						
拟定产业与产品调查分析			■	■	■	■	■	■					
拟定营销规划			■	■	■	■	■	■					
拟定财务规划					■	■	■	■					
确定产品发布会形式及PPT等制作							■	■					
展位设计定稿、材料采购布置完成							■	■					
服装采购及名片、样品册等印制							■	■					
参展人员培训						■	■	■					
参展预演										■	■		
正式参展												■	
展后工作													■

评价意见:用表格将进度规划表示出来是不错的,也可以分阶段、分段落表示,具体可以从发出参展通知并确定参展开始计算。

练习与实训

一、思考题

1. 参展计划书主要由哪几个部分构成?每个部分撰写时要注意什么问题?
2. 企业参展目标主要有哪些?
3. 产业与产品市场调查主要从哪些方面考虑?
4. 参展的营销策划主要包括哪些方面?
5. 做参展财务预算时主要考虑哪些费用?

二、实训

每个团队根据选定的商品撰写模拟参展计划书一份。

第五章　出口商品参展展位的设计及布置

第一节　出口商品参展展位设计理念

一、展位设计的定义

展位设计是为提高参展企业的形象,宣传企业产品,在指定区域范围内搭建成的能体现企业形象的建筑物形象设计方案。方案由专业的展览设计公司设计并搭建,企业也可以根据自己的经验交由内部相关职员进行设计。

二、展位设计原则

设计人员必须明白,展览设计是展览工作的重要组成部分,但不是展览工作的全部;展览设计本不是展出的目的,而只是达到展出目的的手段;展览艺术就是用具体手段表现抽象的展览意图,而后不能因艺术抹杀展出功能。展位设计的主要原则有以下几个:

（一）目的性原则

展位设计起始于展览目标的选择,落实于展览目标的实现,体现于每一个设计的细节。遵循目的性原则,设计人员应处理好以下关系:

1. 参展企业和设计人员的关系

展位设计要求设计人员不是按自己的思路创造出一件艺术品,而是使用一定的技术,创造性反映、表现参展企业的意图、风格和形象,达到参展企业所希望的目的和效果。

2. 艺术和展览的关系

不论使用何种设计技术、技巧,不论采用何种背景(包括展架、道具、装饰),主角是展台和展品,不能喧宾夺主。展览内容不能受制于表现手法,不能突出设计而忽略展台、展品。设计好坏不在于花钱多少,不在于是否符合艺术标准,而在于展台能否体现参展企业的形象和意图,能否吸引参观者的注意,展品能否反映出特征和优势。

3. 展览和贸易的关系

展台能反映参展企业的形象,能吸引观众并留下印象,展品能体现出特征和优势,并能方便参观者观看,便是成功的设计。如果是宣传展览会,这样的设计便达到了目的。但是,如果是贸易展览会,则设计还未达到最终目的。在贸易展览会上,展览是开展贸易的手段。展台是参展企业开展贸易工作的环境,展台本身并不是目的;同理,展品是参展企业开展贸易的工具,展览产品本身也不是目的,所以要设计出一块谈判区域。

4. 展览设计和展览其他工作的关系

设计人员必须明白,设计是为了给参展企业提供其达到展出目的的环境和条件,而且可能还需要协调与宣传人员、广告人员的工作。展览设计的成功在于帮助、支持展出获得整体而不是部分的成功。

(二) 艺术性原则

展览设计应当有艺术性。展览设计的艺术性表现在以下几个方面:

1. 展台有吸引力

展台富有吸引力,令人赏心悦目,给人良好的感觉,使人留下深刻的印象。展台设计有很多因素,需要用艺术手法去组合这些因素,使其能产生最佳的视觉效果和良好的心理效应是展览设计的基本要求。目前,很多企业展位上只贴几张花花绿绿的大海报,这是没有吸引力的。

2. 展台反映参展企业的形象,传达参展企业的意图

如果参展企业是一个大企业,就不能将其设计成摊贩形象;如果参展企业想显示自己在航空领域的霸主地位,就不能将其设计成航模玩具厂的感觉。设计人员需要用具体的手段表现出抽象的展览思想。

3. 展台能吸引参观者的注意,引起他们的参观兴趣

有研究表明,在充满竞争的、五光十色的环境中,观众对展台的第一眼最关键。这一眼决定展台是吸引了观众还是失去了这个潜在客户。因此,展台应当引人注目,使人产生兴趣,这是展台的第一作用。展台的第二作用是吸引参观者走进展台,仔细观看展品。做设计工作要讲究艺术性,但是应注意避免华而不实。

(三) 功能性原则

展位设计还应当是功能性的,设计人员在考虑外部形式、形象时,也需要考虑内在功能,也就是要为展台人员和展台工作提供良好的环境和条件。因为展出目的的实现最终要靠展台人员,展台人员的工作效率最终决定展出效果。在舒适、功能齐全的环境里,展台人员可以更有效地工作。

展位设计需要考虑的功能有以下几方面:

1. 对外功能

展台不仅要展览产品,吸引客户,还要有利于展台人员推销、宣传、调研,与

观众交流,与客户洽谈。所有这些工作都要有相应的空间、位置、设备,都需要设计人员根据需要和条件进行合理的安排。对相应的功能区域,包括问询区域或接待区域、展览区域、洽谈区域等,要作相应的考虑。

2. 内部工作功能

如果展出规模大,要考虑安排办公、开会等场地。内部工作相应区域包括办公室、会议室、工具房（维修间）等。不过,目前的展位通常是 3×3 平方米的空间,不太可能安排办公室、会议室、工具房等场所,而展览区域和洽谈区域还是必须设计与安排的。

3. 辅助功能

辅助区域包括休息室、储藏室等。好的展览设计不仅要"好看",还要"好用",要有助于展台人员开展工作,有助于展出达到目的。不过,对于 3×3 平方米的标准展位而言,是不可能设计休息室和储藏室的,所以就需要展台人员充分利用桌子底下、展位后面的隐蔽空间,以达到展位的辅助功能。

（四）科学性原则

展位设计是一个具有创造性的思维活动,但它绝不是随心所欲的,而是具有严谨的科学性。这首先表现在展览策划要遵循一定的程序:在采取展览宣传行动之前,必须对市场形势、消费者态度、社会环境、竞争对手的情况进行周密的调查研究;然后,根据所掌握的资料和信息进行综合分析,找出问题的关键点,确定展览目标,拟订展览计划及其具体实施方案;最后,还要对展览效果进行评估,直到实现企业的展览目标和营销目标。

展位设计的科学性还表现在它是一个众多科学知识交叉融合的过程,在充分运用展览学原理、心理学、传播学、营销学、系统论、控制论等多学科理论的基础上,借助计算机等现代化的先进技术手段,为参展企业提供进行展览决策的依据和最优的行动方案,以取得最好的经济效益和社会效益。

（五）灵活性原则

由于竞争日趋激烈,需求水平和结构不断更新,市场环境变化很快。在这种情况下,即便是一个最适当的展览策划,也会因市场环境、约束条件和影响因素的变化而不得不调整。现代展览策划在体现其科学性的同时,还具有相当的灵活性。这主要缘于现代展览策划流程不是一个单向的决策流程,而是一个双向的环流状的决策流程。从最开始的参展调研到最后的展出效果评估,针对市场和消费者反应的变化,参展企业应及时调整和修正其方案,使整个展览策划活动能保持充分的灵活性。

三、展位设计的要求

（一）和谐

展位由很多因素，包括布局、照明、色彩、图表、展品、展架、展具等组成。好的设计是将这些因素组合成一体，统一整个展厅设计风格，符合品牌展示需求，帮助参展企业达到展出目的。

（二）简洁

一般人在瞬间只能接受有限的信息。观众行走匆忙，若不能在瞬间获得明确的信息，就不会产生兴趣。另外，展台复杂也容易降低展台人员的工作效率。展品要选择有代表性的摆设，简洁、明快是吸引观众的最好办法。照片、图表、文字说明应当明确、简洁。与展出目标和展出内容无关的设计装饰应减少到最低程度。

（三）突出焦点

展示应有中心、有焦点。展台的焦点能够吸引观众注意力。焦点选择应服务于展出目的，一般是特别的产品、新产品、最重要的产品或者被看重的产品。应通过位置、布置、灯光等手段突出重点展品。

（四）明确主题

主题是参展企业希望传达给参观者的基本信息和印象，通常是参展企业本身或产品。明确的主题从一方面看就是焦点，从另一方面看就是使用合适的色彩、图表和布置，用协调一致的方式造成统一的印象。

（五）标志醒目

与众不同能吸引更多的参观者，方便参观者识别寻找，也会使走进展台的参观者留下印象，并在展览会后被触及回忆。设计要独特，但是不要脱离展出目标和商业形象，通常会在展位大门、屋顶和地板上做特殊标志。

（六）目标性

传统的设计，特别是庙宇、宫殿、银行等，强调永恒、权威和壮观。但是，在竞争性的展览会上，展出成功与否在很大程度上靠观众的兴趣和反应。因此，展览设计要考虑人，主要是目标观众的目的、情绪、兴趣、观点、反应等因素。从目标观众的角度进行设计，容易引起目标观众的注意、共鸣，并给目标观众留下比较深的印象。

（七）考虑空间

设计人员还要考虑展台工作人员数量和参观者数量。拥挤的展台不仅效率不高，还会使一些目标观众失去兴趣。反过来，空荡的展台也会有相同的效果。对此,展台面积是主要因素。

(八) 人流安排

参展企业也许希望在展台内有大量的能自由走动的观众,也许希望吸引大量的观众,但是只让经筛选的观众走进展台;也许希望记录每一位观众的数据,也许希望只记录经筛选的少数观众;或者甚至不考虑此工作。展台安排对人流控制管理是关键因素。因此,设计人员在一开始就要了解参展企业希望有何种类别或规模的人流。

(九) 易建易拆

展台结构应当简单,在规定时间内能够装拆。拆建施工时间通常由展览会组织者决定。设计人员在开始设计前应当了解施工时间。

在布置 3×3 平方米的展位时,在墙上尽量不要采用双面胶去贴,而是尽量使用透明胶带去贴;尽量不要一小片一小片地贴(比如树叶),而是尽量设计一大张海报,用夹子之类的工具,以方便拆卸。

(十) 设计要慎重

设计时,要考虑周到、全面,设计方案一经讨论通过就不要轻易更改,尤其不要在后期更改,更改可能拖延施工、增加费用,甚至影响开幕。预算常常是矛盾之源。预算和设计之间可能有很大差距。作为设计人员,必须现实地接受预算,在预算内尽力做好设计工作。如果预算不清楚,并不意味着没有限度,这可能造成很多麻烦。如果设计施工开支过多,设计人员应承担责任。因此,要坚持弄清楚预算标准,控制开支,事先安排所有项目及标准,在预算内做好设计施工工作。

(十一) 搭建和布局

一旦已经确定参加展会,就有必要着手进入具体的实际行动过程。首先,选择的展位在展会中要具有非常重要的位置,这是一个决定展览效果的关键因素。对于地点,应该考虑是否靠近会场的主要通道、洗手间、餐厅。总之,要选择一个位置最好且租金便宜的展位。在确定展位、展台设计艺术时,要能牢牢吸引观众的关注和重视,突出企业形象,展示企业产品。

另一个关键因素是展位不同的功能区分配是否合理,展台设计搭建应尽量做到简洁、明了、大气,充分体现企业的实力。再者,产品展示要讲究科学性和艺术性。如果展品品种多,规格不太多,而展出的意图是向人们展示企业的最新产品,那就要选择品质好、在市场上具有竞争力的产品参展,产品应尽可能多样化,以适应不同消费者的需求。

在选定展品后,应放在最突出的中心位置,避免分散注意力,不要让华丽的装饰、明亮的灯光、嘈杂的声音分散顾客的注意力。展会布置中要使用较新的展览技术,比如说具有良好的服务器、显示器、等离子电视、音响设备,利用三维动画、模型、图表、照片、PowerPoint 和其他技术等。

第二节　海　报　设　计

海报又称"招贴",即展示在公共场所,吸引观众注意,并且能够大量印刷及重新张贴的告示。日本设计师秋山孝说,一张好的海报是简洁的,并能抓住你的注意力。它让你驻足,并且唤起你的兴趣和购买的欲望。一张好的海报传达着深层的信息并有幽默的意味。即使经过较长时间的研究,信息也不会失去它的趣味。在现今多元化时代背景下,海报这种具有一定历史的大众宣传工具也在不断进行着创新和变革。

海报作为一种特殊的宣传方式,最直接地传达商品信息和作者观念,具有功能主义,是单纯强调艺术表现与平面设计结合的艺术。海报是设计师对审美追求的文化价值观念的体现,也是人类造物过程中发自本能的情感意愿的凝聚。海报设计必须有相当的号召力与艺术感染力,要调动形象、色彩、构图、形式感等因素,形成强烈的视觉效果,使人能够直接接触最重要的信息。

不论是真实参展企业还是模拟参展企业,海报的设计是必不可少的,可以根据以上原则设计一张或多张海报来展现产品。

一、海报的基础元素以及表达手法

(一) 文字在海报设计中的应用

几乎所有的海报都离不开文字这一基本要素。在电脑未出现以前,文字在海报中的作用只是辅助的功能,不能成为第一主角;而在电脑化之后,文字本身就是设计对象的一个不可缺少的要素。但是,文字只能起到画龙点睛的作用,而不能主导整张海报。最好用一种简洁的字体或者装饰性的字体,以起到很好的协调效果,并且使文字更具层次感。

(二) 图片在海报设计中的运用

作品要想被观众记牢,并且一看就有那种挥之不去的感觉,设计师可以尝试在海报的背景中创作一个图案。这个图案可以重复应用,但要确保其主题地位,这样可以把一个重要的信息、标志或图片放大到观众的眼睛里。这种重复元素就像是一根绳子一样,这头连着一样东西,另外一头不仅可以引导观众的视线,而且可以使观众产生一种好奇心,可以吸引观众花更多的时间来了解和欣赏。

(三) 交替变化的节奏

在节奏变化的构图中,两个或两个以上的元素重新组合可以产生另外一组元素或图案,就像是合唱一样,一组唱高音,一组唱低音,可以让海报有所变化,让观众觉得这样的变化多而不烦,甚至在变化中产生一种节奏感。这种创作手法对于海报中的文字排版也同样适用。例如,可以选择两种字体或两种颜色交替使用,以产生节奏感。

二、海报设计原则

(一) 一致原则

海报设计必须从一开始就保持一致,即所有的设计元素必须以适当的方式组合成一个有机的整体,包括大标题、资料的选用、相片及标志。如果没有保持一致,海报将会变得混乱不堪。

(二) 关联原则

关联原则,也可以称作"分组"。关联性是基于物以类聚的自然原则。如果我们在一个页面里看到各个组成部分被井井有条地放在一起,就会试着去理解它们,并认为它们就是一组的,而并不理会这些不同部分是否真的相似或关联。这有点像"牵连犯罪"的原理。海报设计师可以通过多种途径实现这个关联原则:首先,对人物、物品及文字分组能够提高信息的传达效果。如很多广告牌的广告,都是由一张消费者的照片、产品图片及广告词组成的。其次,各个部分放在一起比单独松散的结构能够产生更强的冲击力。当有几个元素是非常相似的,这些元素就组成一个视觉单元,能够给观众一个直接的信息,而其他的元素则会被观众当作次要的。

(三) 重复原则

重复原则,即对形状、颜色或某些数值进行重复。当看到一个设计元素在一个平面里,其不同部分被反复应用,我们的眼睛自然就会跟随着它们。有时就算它们并不是放在一起,我们仍会将它们视作一个整体。我们会潜意识地在它们之间画上连线。应用重复原则最简单的方法就是在海报的背景中创造一个图案,然后重复应用。这些重复的图案在背景中会产生一种很有趣的视觉及构图效果,然后将背景与前景的元素连接起来。另一个应用重复原则的方法是通过一行重复的元素,引导观众的眼睛到一个重要的信息、标志或图片上。重复的元素能够产生一条路径,引导观众的视线,使观众产生好奇心。人的视觉对重复具有非常强烈的感觉,甚至有时在图中的对象没有重复时也会将它们看作重复的。比如,一张关于指甲油的海报中,我们可以在海报上方的位置加进一滴很大的指甲油。在海报的另一个地方,与这滴指甲油同样的图形或颜色都会产生一种与上方那滴油对应的效果。另一个流行的设计技巧是将所有一模一样的东西都排列在一起,但里面有一件东西是与众不同的,从而达到出其不意的效果。比如,设计15个方块并排列成方阵,其中14块是蓝色,而其中一块是粉红色,并且包含了公司的标志。可以想象,这块粉红色的方块将会是观众的焦点。所以,可以通过位置、颜色、大小或图像的重复来强化识别,让观看的人关注你想传达的信息。

(四)延续性原则

延续性原则通常与重复原则一起应用。在上述的例子中,当一个设计师应用延续的方式,将作品中的对象放在一起,引导观众看向另一个位置时,一般采用线性效果。当看到一条线时,我们的眼睛本能地就会跟随它,想看看这条线会去哪里。这个方法可以使海报中的图片引导观众的眼睛看向你所要传达的信息。如果不用图片,而是用文字构成的图形,也是一种不错的选择。

(五)颜色协调原则

如果作品里各个元素的形状、颜色或外观都没有共同点,那么如何使作品具有统一性呢?一个简单的解决办法是将这些元素都放在一个实色区域里。这种处理方法好像在回避问题的实质,为什么要将毫无关联的各个元素放在一起?一般来说,我们都不这样处理。对于大多数的商业海报来说,需要通过海报快速传达你想要传达的信息,这时一般使用有关联的形状或颜色。而对于一些艺术事件或海报,观众会花时间去了解每一部分的含义,一些不和谐的元素有时能够传达一种有趣的、实验性的视觉效果。有时,一个广告商会要求将各个对象以一种超现实形式结合在一起,将各个关系不大的元素放在一个很大的背景颜色区域中,使观众产生一种它们有关联的感觉。

三、海报设计特性

(一)时代性

时代性就是时代文化,是指时代所具有的新特征及文化现象。新的时代给海报设计带来了无限的创作空间。时代发展要求设计师不拘泥于历史传统,探索现代海报视觉表现元素,努力创造新的风格与气息。但是,这并不代表摒弃传统文化。我国香港地区著名设计师陈幼坚先生曾做过很多电影海报,他在海报设计中大量运用中国传统文化元素,以传统元素时尚化的设计方式成为优秀电影海报的范品。深厚的文化底蕴是时代需求的根本。新时代的电影海报也从内涵到外延都发生了巨大的变化,不仅是图形创意、表现形式,甚至连制作手段也发生了根本性的改变。

但是,在应用这个特性时,也要结合展出的产品的特点。如果展出的产品是具有古典气息的,那么过于现代的海报明显不太适合。如果是非常现代的产品,那么太过于老旧颜色的海报也会和产品显得不搭配。

(二) 绘画性

现代绘画艺术的各种风格和流派为海报的绘画性提供了丰富多样的设计方法,同时也成为海报设计绘画性的不同表现形式。劳特累克作品中表现出来的"病态"激情,以及苦涩辛辣的讽刺意味,成为海报艺术史上表现主义和讽刺性广告的发展源头。劳特累克在海报的创作中,后期作品更强调整体平面节奏,赋予线条完全的装饰自由。他一生对海报艺术无论是表现技法、色彩、色调,还是效果、题材、尺寸,常常进行多方面的试验,为后世人们在海报设计方面的创新作出了有益的尝试。通过对劳特累克的海报分析,绘画性在海报设计中有以下特点:

第一,写实表现。从视觉传达出发,对形象的构造与机能、材质、色调作具体描绘,从物象的各种视觉因素中提炼出某些典型特征,通过单纯化的造型要素和绘画技巧进行表现。

第二,夸张变形表现。在现代绘画艺术中,特别是超现实主义绘画的艺术家为了使画面达到一种异常的心理视觉效果,常常夸张物象本身的形象,传达内心审美情趣,使人产生更为丰富的联想。

第三,空间表现。利用构成的形式规律和原则,按照形式美的表现,将现实形态在画面上作平面组织、布局,传达视觉主题,求得和谐与统一。

(三) 美学性

美学性,即将美学的一些重要理论运用到海报设计领域,既是海报设计手段的与时俱进,也是用一种新的思考方式来指导海报设计。伊瑟尔的"第一文本、第二文本"理论认为,在创作者、作品、受众三者中,最重要的是受众,受众具有主体能动作用。这一理论为当今海报设计活动中设计师、海报作品、受众三者关系的解读提供了一种新的思考方式。

1. 正确理解设计师、海报作品、受众三者之间的关系

设计师、海报作品、受众三者之间是不可分割的整体,海报设计就是这三个环节交互作用的一个动态的活动流程。首先是作为创作主体的设计师进行创意设计活动,把自己的思想感情注入海报作品中,赋予其生气,从而使由视觉符号构成的海报作品在纸张或其他形式的物质载体中具备潜在的审美特性。但

是,这还只是一种可能性,只有在被受众解读时,这种可能性才会转化为现实性,潜在的审美特性才会按设计师的指向产生一定的审美效果和信息传达效果。至此,由设计师创意设计的海报作品才真正作为海报作品而存在,其审美的可能性才得到实现。由此可见,海报设计是作为一种活动而存在的,存在于从创意设计活动到解读活动的全过程,存在于设计师→海报作品→受众这个动态流程之中。受众的这种创新期待因人而异,个体的期待视界不同,其对海报的接受能力也随之不同。因此,设计师在进行海报设计时,必须对受众的期待视界进行认真的揣摩和预测分析,使海报设计创意最大程度地满足受众的创新期待。

2. 定向期待与创新期待的循环交替

期待视界产生的定向期待与创新期待是对立统一的关系。一方面,受众的主体能动性使其在定向期待作用下根据自己常年的习惯经验去审视海报作品,作出合乎自己期待视界的选择。另一方面,受众又存在一种矛盾心态,如果海报作品总是与受众预期的一样,会觉得腻烦而没有新意,就会渴望有变化,因此会打破以前的习惯方式,调整自身期待视界结构,以开放的姿态接受创新的海报作品。可以说,在整个海报欣赏过程中,受众始终处于这种隐藏很深的矛盾心理之中。近年来,网络的普及以及消费调查行业的日益规范,使得设计师和受众的沟通更为方便快捷。受众在调整自身期待视界结构的同时,会把新的要求反馈给设计师,设计师根据受众新的期待视界及时作出调整,设计新的海报作品。这样,新的海报一经设计出来,受众原来的期待视界即为旧的期待视界,又经过定向期待和创新期待的作用,再生成新的期待视界。定向期待和创新期待的交替,其实质就是海报受众主体的对象化和海报作品客体的主体化交替的过程。这种不断的循环交替,促进了海报创意设计的进步与发展。

3. 创新期待与海报作品的审美距离

在海报设计过程中存在着这样一种情况,即原有的期待视界与新的作品之间会出现差异、间隔,产生一定的距离。这种距离在接受美学理论中称为"审美距离"。在海报设计中,期待视界的审美距离通常可分以下三种情况:首先,设计师设计的海报作品与受众的期待视界的审美距离正好相符。这时,海报作品就能较好地被受众接受,与之产生共鸣。这也是设计师准确把握受众心理期待视界的结果。其次,设计师设计的海报作品比受众的期待视界超前或前卫。此时的这种审美距离表现为受众期待视界的相对滞后,受众突然之间难以接受和理解这种海报的设计创意或设计表现。这时,海报作品很可能一开始不被受众接受、重视,因而造成海报宣传效果不佳和信息传达受阻。但是,这种局面是暂时的,随着受众自身期待视界结构的调整,前卫性的海报设计往往很快就被接受。最后,设计师设计的海报作品落后于受众的期待视界。即海报作品滞后,表现为设计师的创意不能及时满足受众的期待视界需求。这就要求设计师不断学习专业知识,提高自己的设计水平,紧跟时代发展的步伐,努力创作出优秀的设计作品。

（四）简约合宜性

自从海报设计成为一个单独的设计门类以来,其设计的简约合宜性一直是设计师关注的热点,也可以把海报设计的历史看成其简约合宜化的过程。设计师对人类视觉生理、心理的研究,促使现代海报设计在观念表达上对简约合宜的要求进一步提高,在形式和内容上满足现代人对信息快速、准确的传播和认知。海报本身作为大众传播工具,与其他传媒有一定的区别,它要求对信息进行传播时要快速、准确、深刻,正是这些促使海报设计必须简约合宜。

首先,海报要具有足够的视觉冲击力,也就是说,要能够吸引观者的注意力。特别是在当今信息传播网络化、全球化的趋势下和注意力经济的推动下,海报的这一特征显得尤为重要,这也是海报在今日还有生命力的主要原因。要想使海报具备足够的冲击力,必须满足以上所述的视觉思维的一些基本要求,也就是海报要足够简洁和对比强烈。

其次,海报的信息包含传递功能,决定了海报设计不但要简洁,还要合宜。传播信息是海报的基本功能,也是重要功能。如果一张海报所含信息过多过杂,就会使观者失去观看的耐心,也就达不到传播的目的。因此,设计海报一定要切题准确,突出主要信息,忽略不必要或次要的信息,达到准确醒目的目的。

（五）创新性

海报无论在形式上还是内容上都要出奇创新,具有强大的惊奇效果。现代人的生活节奏快,产品更新换代也比较快,一个普通的海报可能不会引起太多人的注意,千篇一律的广告也不会引起观众的兴趣。无论何时何地都是一种色调、一个广告词或者一个系统的复制、粘贴,这些设计已经引起观众的审美疲劳。所以,如果想要有所突破,想要获得观众的认可和赞扬,那么就必须下功夫去创作一个有创意的作品,创作一个震撼人心的作品,这样才能在设计中站稳脚跟,才能更好地为产品做宣传。

第三节 墙面设计

空间维护体中,墙面的作用是不可替代的,它既是划分空间的隔断,又是美化室内的要素之一。设计者在设计墙面时,首先要考虑室内空间的其他构成要素,如天花板、地面等如何相协调,如何与空间的总体气氛、装饰风格相一致,如何通过墙面的设计,使室内空间形成一定的序列,使居住者通过空间艺术的感染产生最佳的审美心境。其次,各个空间功能不同,所以在墙面设计中的要求也不一样,设计要有针对性,进而能在总体风格一致的基础上产生不同的装饰风格。

在设计墙面时,应遵循一定的原则。比如,在空间构图上,应注意主体突出,在变化中求得当。应在均衡与对称、变化与统一原则下统筹安排,发挥各自的作用,做到能够在统一中求得变化,在变化中求得统一。在构图设计中,设计者还应始终注意把握整体变化统一。这就要求设计者在设计时控制好图形的复杂程度,色彩的面积,墙面与墙面之间的关系,以及墙面艺术品的尺寸大小、组合数量、布置形式,以求达到墙面的一种均衡、和谐、统一的状态。在整体设计统一的情况下,再通过特异的色彩、图形、线、别致的墙面艺术品等求得变化,避免呆板,就可以为居室环境带来新鲜感。墙面设计图形可以多种多样,既可以是人物、动植物、风景等写实形象,也可以是抽象的几何图形,或者只是大手笔的色块,再或者只是普通的白墙上面悬挂富有视觉效果的装饰艺术品。

一、差异化特色

墙面的设计特色是吸引参展观众驻足的主要因素,墙面设计得好了,视觉冲击力强或者有特色,很容易吸引人群到企业的展位前。墙面的设计要与企业的品牌形象定位相吻合,同时要结合周边企业的设计风格,但要有明显的差异化特色,争取在展馆内较远的距离也能识别。展位内墙面的宣传图片要突出产品的利益点,广告语要放大,要让观众进入展位首先发现的是企业产品的与众不同之处,这样才能引起观众的兴趣。墙面设计就像报纸的平面广告设计一样,能否吸引观众继续看下去,就看第一眼的吸引力了。

二、色彩搭配

会展全局布置的色彩搭配是影响会展成功与否的重要因素,所以墙面的色彩搭配显得举足轻重。色彩搭配看似简单,实际上很难。美国当代视觉艺术心理学家布鲁墨曾说过:"色彩能够唤起各种情绪,表达感情,甚至会影响我们正常的生理感受。"由此可见,色彩这种表现力对人类在视觉上和心理上都有着不可忽视的作用。当然,这里所说的色彩搭配并不是简单地将不同颜色搭配在一起,而是按照一定原理和技巧,根据颜色三要素(色相、彩度、明度)进行搭配调和,达到想要的表现效果。会展中作出一套合理且不失个性的色彩设计,意味着会展成功了一半。一个庞大的展示空间里,它的色彩总基调一定是统一的,否则会产生杂乱无章的色感。所以,墙面的色彩搭配应与总体相协调,在选择上要考虑与周围物体的协调关系,色彩选用应服从于空间的总基调,借助墙面的色彩可以使人在视觉观赏上有一定的层次。墙面图案的色彩,在某种意义上讲,是人们根据图案的实际需要以及对自然色彩的感受综合创造的"人造色彩",富于浪漫,具有装饰性。主色调的选择要能表达企业和展品想要传达的感受,要与会展的主题贴近。可以用企业标志的标准色作为会展展台的专用色,让观众意识到这种颜色的搭配并不是孤立存在的,让他们认识到这种搭配的既定系统是隶属于某个企业甚至是某个产品的。总而言之,会展的色彩搭配不是固定的,没有哪一种颜色能固定地对应哪种类型的展览。不同的主题、不同的品牌、不同的设计理念都会使得相应的色彩发生变化。然而,这个变化也要适度,不是五彩斑斓的色彩就是好的,要合理运用色彩来搭配空间,突出主题。这不仅仅要求设计者具备较强的色彩感悟,拥有丰富的色彩知识和专业技能,还要在实践中不断摸索,积累经验。

三、审美原理

(一) 对称与平衡

对称是点、线、面在上下或左右有同一部分相反而形成的图形,它表现力的均衡,采用这种形式可以表现出墙面的平和以及秩序的美。但是,如果在墙面设计中过分强调对称的形式,也容易产生呆滞、静止和单调的感觉,所以在其展示的方法上可采用均衡的形式,既不是完全的对称,又有一定的秩序性。也就是说,在设计的整体平衡的基础上,求得局部的变化,以打破完全对称所带给人们视觉上的平板、静止的心理感受,以此提高展示效果。

(二) 对比与统一

统一是弱化矛盾,使各组成部分和谐一致。对比就是通过强化矛盾来突出重点,表达情感。恰当的对比能使展示效果更生动,更具活力。用跳跃的设计思维,使墙面的强烈对比服从于展厅整体的和谐统一,避免出现凌乱、琐碎的效果,让观者远看惊心动魄,具有宏大统一的气势,近看奥妙无穷、精美绝伦。

(三) 重复与渐变

使用重复手法时,可以使人有清晰、连贯和平稳的感觉。利用渐变的形式,可以在视觉传递中产生三次元的空间感,以及节奏感和韵律感,使人产生深远的、柔和的、含蓄的感觉。随着材料、建筑及其相关技术的突破性进展,展示设计艺术也获得了相应的进步。从墙面设计的角度来看,艺术风格的变化和流行的时尚也会通过创新艺术的设计传达给公众,甚至在一定程度上展示设计对各种时尚的流行还起着引导作用。

第四节　3D 电子展位设计

一、3D 电子展位设计的步骤

3D 电子展位设计是用三维的做图软件设计展位,比如 CAD、PS、Corel DRAW、Rhino、Maya、3ds Max、Softimage/XSI、Lightwave 3D、Cinema 4D、PRO-E 等。例如,3ds Max 用来建模、出效果图;CorelDRAW、PS 用于文字排版和画面处理。设计一个 3D 电子展位具体有以下步骤:

(1) 首先测量展位尺寸,也就是得到测量图,最好有现场照片,从而了解主通道和旁边品牌。

(2) 用 AutoCAD 画出想好的平面图,最好全是多段线。

(3) 导入 3ds Max 建模,进行拉伸、移动等操作。

(4) 打好灯光,做好材质。

(5) 渲染小图,调试灯光材质效果。

(6) 如果是 VR,先做光子贴图,再出大图。

(7) 后期 PS 处理。

二、相关软件介绍

(一) AutoCAD

AutoCAD(Auto Computer Aided Design)是 Autodesk(欧特克)公司首次于 1982 年开发的自动计算机辅助设计软件,用于二维绘图、详细绘制、设计文档和基本三维设计,现已经成为国际上广为流行的绘图工具。AutoCAD 具有良好的用户界面,通过交互菜单或命令行方式便可以进行各种操作。它的多文档设计环境,让非计算机专业人员也能很快地学会使用,在不断实践的过程中更好地掌握它的各种应用和开发技巧,从而不断提高工作效率。AutoCAD 具有广泛的适应性,可以在各种操作系统支持的微型计算机和工作站上运行。

(二) 3ds Max

3D Studio Max,简称为"3ds Max"或"MAX",是 Discreet 公司(后被 Autodesk 公司合并)开发的基于 PC 系统的三维动画渲染和制作软件。其前身是基于 DOS 操作系统的 3D Studio 系列软件。在 Windows NT 出现以前,工业级的 CG 制作被 SGI 图形工作站垄断。3D Studio Max + Windows NT 组合的出现一下子降低了 CG 制作的门槛,首先运用在电脑游戏中的动画制作上,后更进一步开始参与影视片的特效制作,例如《X 战警 II》《最后的武士》等。在 Discreet 3ds Max 7 后,正式更名为 Autodesk 3ds Max,最新版本是 3ds Max 2016。

（三）Adobe Photoshop

Adobe Photoshop,简称"PS",是由 Adobe Systems 开发和发行的图像处理软件。它主要处理由像素构成的数字图像,使用其众多的编修与绘图工具,可以有效地进行图片编辑工作。它有很多功能,在图像、图形、文字、视频、出版等方面都有涉及。

第五节　商品布展

一、展位布置所需基本物品

展位布置需要的基本物品主要包括:

(1) 招待台:放置资料及名片,参展人员站或坐在招待台一侧,随时接待有意了解的客户(配套物件:参展资料、产品目录、名片、名片架、来宾卡片收集盒、留言本、笔、工作人员座椅两张;若为简单布置,则需提供桌布)。

(2) 客户招待桌椅一套(含一桌四椅,样式具体按实际情况定,主要用于与客户详谈)。

(3) 饮水机或者大瓶的矿泉水及配套杯、垫。

(4) 根据需要布置布景盆栽。

(5) 广告牌(主要是公司简介或主推产品介绍)。

(6) 展品(含样品及模型,主要是展示公司的主营项目或主要推荐的产品)。

(7) 布景板(数量按现场墙壁数及布置方案定,但尺寸以覆盖整个布景墙为佳;若展出样品也上布景墙,需预留空间)。

(8) 产品介绍电视(根据公司需要,播放介绍公司或产品的视频,比较能吸引客人注意)。

(9) 配置人员:若以产品介绍为主,应配技术人员及接待人员各一名;若以招商为主,则应多配备一名商务人员,以方便洽谈相关业务。

(10) 配套小工具:剪刀、装订机、泡沫粘胶、封条带(警戒带)、拖车、接电板、笔、餐巾纸、夹子等。如果需要撤展,最好不用泡沫粘胶,而是用夹子或透明胶带。

产品资料、名片、招商资料、促销品等必须提前准备好,并且准备充分,同时要考虑准备名片箱、登记本等搜集信息反馈的物品。在展位面积允许的情况下

（两个或四个标准展位），可以在展位内放上谈判桌椅、饮水机、装饰花卉等，布置得柔和一点。这从形象上可以提高企业的亲和力，能让一些对产品有兴趣的观众逗留的时间长一点，同时也会吸引更多的观众前来了解，因为观众普遍具有好奇和从众心理。

二、商品布置技巧

首先，应当把展会总体的策划和参展过程中进行的广告宣传区分开。广告策划是有目的、有内容、连续的长期性战略。企业所参加的展会的性质、规模、知名度、时间、地点等不仅是广告策划的重要参考，而且企业自身的性质、规模、知名度、历史、地域等也是广告策划的重要参考。当把两个方面综合起来分析评定后，企业应当进行怎样的选择就一目了然了。我们将常用的几种广告策划方案归纳如下：

（1）与展览所在地的新闻媒体取得联系，做好宣传方面的前期准备，争取得到当地媒体的宣传报道。同时，展会现场也会有新闻发布会等宣传计划，企业根据实际情况，提前拟订自己的计划。

（2）向同企业有业务来往的客户、代理商以及企业所在地的新闻媒体、工商税务、行政机关等相关部门发放请帖和入场证，如果在展会进行中或者过后两三天内能趁热打铁，对这些人员礼尚往来，一句亲切的问候、一个小小的礼物、一杯热热的咖啡，可能会让他们成为企业长久的客户。

（3）将发放给个人客户、团体客户、重要客户的宣传资料、礼品提前准备妥当，以备不时之需。

（4）在展会期间举行烘托气氛的节目演出，吸引人们的目光，并且在工作人员服装上、道具上、场地比较显眼的地方出现公司明显的标志。同时，不但在展会现场，有可能在展会附近或者参展所在地人员流动大的地方进行演出，势必会增强宣传的效果。

（5）尽可能配合展会参展商的广告宣传，在场外、厂内或者参展地的马路两侧选择适当的地形，以企业文化为主，给自己的企业造势。

（6）和重要客户进行必要的商务往来。虽然参展期间不宜把精力投向个别客户，因为来参展的企业人员配备本身就很精简，这样对整体的工作会有影响，但是个别情况可以例外。

在实际参展中，企业可以根据自己的情况选择，因为一个立体的广告宣传需要的不仅仅是费用，更多的是结合实际情况的策划。

其次，产品展示是每一个参展商在参展时较为头疼的问题。企业和客户之间的关系是建立在需要的基础上的,客户需要一流的产品和服务,企业在展会上就要提供给客户最直观、最有说服力的产品。我们可以从以下几个方面着手:

(1) 参展品要针对展会的各个方面,代表企业最前端的科技,表现本企业产品的独特性。

(2) 展示方式包括硬件设备和软件服务。展台的搭建和灯光照明的修饰属于硬件,要量体裁衣,没必要铺张浪费,争相攀比。软件服务包括宣传模型、资料、照片、讲解等,应借助合理的色彩、装饰、布景、灯光、视听设备等手段,进行强调和渲染,把最希望留给客户的形象表现出来。

最后,需要强调的是展会人员的配备问题。展会的顺利进行,关键不在于要派遣多少精兵强将。由于展位的限制,企业的展位上不能到处都是自己的人,这样不但影响产品的展示,而且不合节拍的动作或者语言将适得其反。展会人员配备一定要合理并具有很好的职业素质,因为工作人员的表现也就是产品附加价值的体现,更是企业品牌形象的代表。根据展会需要,以下人员配备可供参考:

(1) 组长,负责全面的展会工作。"全面"不是事必躬亲,看到事情就去做,想到哪里不合适了就去改,而是应该把最强的精力放到工作协调上,让相关负责人做到尽职尽责。

(2) 展台搭建负责人。展台的搭建是一个紧迫而艰巨的任务,现在一般都是由相关公司进行设计、施工,这位负责人的工作职责是:配合施工公司的工作,监理施工和设计的质量差异,协调本企业展位搭建工作和会场制度的统一。

(3) 安装调试人员。演示展品的安装和展台的搭建是同步的,企业的相关人员应该提前到位,并了解展台的布置,把企业产品的性能展示、外观展示调试和安装到最佳位置。在安装完毕后,根据实际情况,可以考虑留下一部分安装人员做技术支持工作。

(4) 演示产品的讲解人员,资料、礼品的发放人员,以及相关的业务洽谈人员都应该到位。很多企业的参展人员都是临时从公司配备,也没有在商务礼仪、产品性能的详细讲解等相关方面进行培训,这样的做法很盲目。即使展位漂亮、产品性能很优越、品牌很知名,如果参展人员的素质及培训不到位,也会前功尽弃,徒劳而归。

(5) 展会后勤负责人员。参展是一个很辛苦的工作,参展人员的食宿必须做到位,所以很有必要配备这样的专职工作人员。

(6) 资料收集人员。展会是企业之间进行信息沟通、技术交流、互相学习的场所,别人已经把自己最好的产品和形象拿出来展示,如果企业不主动去观摩、收集相关资料、进行彼此之间的必要沟通,那么展会的目的也就大打折扣了。

总之,企业的每一次参展都是一次品牌附加值的增加过程,一个详细而可行的参展方案需要企业从上到下、从局部到整体、从个人到团体的努力和探索。这也是一种企业品牌推广的亚文化,每一个企业在展会结束的时候都应有所收获或满载而归。

不管是模拟参展企业还是真实参展企业,都应先出展位设计的电子效果图,这样在购买材料以及做海报和墙纸时就有了目标,在真实布展时就有了把握。

第六节 展位设计案例分析

一、映象苏绣模拟参展展位设计

(一)展位设计总体思路

苏绣是具有色彩灵动、精巧细致的江南特色的手工艺作品。为了体现其历史悠久、文化底蕴浓厚的地方特色,公司将在展位上布置一个具有南方地区古典特色的店铺,展现苏绣"艳而不俗,雅而不薄"的产品特征。展位大致分为四个区域:柜台展、互动墙、会客区以及遥望角。整个店铺将以红色流苏作为主线装饰物,以红色所象征的"吉祥"渲染古色古香的店面布置。同时,以从右向左

图 5-1 展位总体设计图 1

三幅古风背景墙面为线索,展现苏绣从蚕丝到精美作品的制作过程,寓意苏绣深厚的历史文化积淀。整体的装潢是为了突显苏绣的美观及实用,充分利用空间,将每一个区域的功能完美展现出来,以求让顾客参观时有一种身临其境的感觉。

图 5-2　展位总体设计图 2

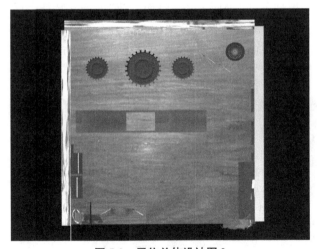

图 5-3　展位总体设计图 3

(二)整体布置说明

1. 整体设计

苏绣展位的创新设计采取与众不同的店铺布置,相较于传统的室内家具布置,当顾客来参观时会有一种穿越至明清时代选购苏绣的别样体验。整体的展位基调将偏于暖色调,给人随和亲切的体验——与苏绣给人的感觉相仿。

2. 大门

展位门面的设计将采用复古质感浓厚的门框,充满古风韵味。同时,配上一贯的红色流苏丝线,将丝线绑成窗帘般的垂坠感,给参观的顾客带来一种朦胧的感觉。

3. 地面

选用做旧的木纹地板贴装饰展位,更是可以体现出古代一个兴旺的店铺人来人往,再精致的地板也会变得毛糙。

4. 墙纸

苏绣绣娘的墙纸形象将苏绣产品与苏绣的文化内涵紧密结合,既表现了江南绣娘的婉约动人,也将苏绣产品的精致古韵表现得惟妙惟肖。

5. 家具

整体的家具颜色将采用古时店铺较为普遍的木质深色,显得庄重气派。

(三) 左墙面

左面墙是本展位的特色展示区,由两个对望的侍女展开。展示区的左半部分放置获得世界艺术品"金质奖"的两幅苏绣的台屏——双面绣《长毛猫》、单面绣《金鱼》,体现出苏绣的高仿真、细腻工艺以及高超的艺术造诣,在世界上获得认同,极具收藏价值。展示区的右半部分悬挂的卷轴展示出栩栩如生的林中孔雀,将苏绣与中国画完美结合,色调鲜丽,对比强烈,极富表现力。两个侍女深情款款地望向苏绣作品,使苏绣作品与背景完美融合。

图 5-4　左面墙 1

图 5-5　左面墙 2

(四) 背面墙

从博古架的拱门里能够看到一个半坐在床榻上正在刺绣的江南女子,意在描绘出大家闺秀刺绣的情形,给走进展位的人一种身临其境的感觉。

图 5-6　背面墙 1

图5-7 背面墙2

（五）右面墙

在本展区的右边是产品时间轴，背景是古代女子在织布的情形，是苏绣制作的第一个步骤。墙上挂的四幅仿真绣各代表了不同时期的苏绣特点，有清丽的竹画、生动的双飞鹤、色彩对比强烈的孔雀以及象征富贵的牡丹花。产品悬挂在女子织布图的上方，仿佛是由丝织布氤氲而出。

图5-8 右面墙

（六）体验区

本展区右面墙的右下角是体验区。在古代女子制作的织布和刺绣背景下，放置刺绣工具,使参观者可以通过实地体验,感受古代绣娘的刺绣过程和精湛工艺,从而对苏绣产品有更深入的了解。

图 5-9　体验区

（七）柜台展及博古架

柜台展将采用古代店铺的形式,用于接待来往的顾客,派发宣传手册,作为咨询台等。在柜台的两端,将放置一个小型的台屏双面绣,中间会放置一副软裱苏绣,供顾客近距离观赏,还将摆放宣传手册和名片架,让游客随意取阅。在柜台的正后方,将放置一个大型的博古架,在博古架的中间会有一扇圆形的拱门,在拱门周边的九个小格子中将放置三列不同样式的苏绣——方形台屏(鸟、山中亭);圆形台屏(江南水乡、鸳鸯、金鱼、竹、鸟);宫扇(红梅)。其摆放的顺序及造型也会精心设计,配以简单的花草,突显出苏绣品种丰富、做工精致的产品特色。

图 5-10　柜台展及博古架

(八) 遥望角

沿着右过道一直往前望去,能够看到一个由红色流苏线隔成的三角空间,这便是遥望角。红色的流苏线上将绑上三幅精美的圆形双面绣(竹鸟画、兰花像、玉兰图),顾客在参观时能够随意翻转或拿起来细细观赏。红色流苏帘之后的三角空间,将摆放一个方形的花盆架,一个铁丝制鸟笼灯将置于其上,配以鸟鸣与仿真鸟,以体现苏绣的精致与逼真。同时,在鸟笼中将加以灯光,灯光会使双面绣上的丝线对光线有不同程度的折射,体现出苏绣的艺术造诣之高。

图 5-11 遥望角

(九) 会客区

会客区主要的组成部分是一张圆桌与若干圆凳,位于整个展位的左后方,顾客可以透过之前的博古架中的圆形拱门看到会客区的桌椅,视觉效果较为通透开阔。圆桌上,将铺上用精美的苏绣制成的桌布,并在中间摆放一个小的双面绣。在会客区的左墙上,将会挂上一幅软裱——《晨曦庭院》,供前来谈判的人参观。

图 5-12 会客区

图 5-13 天花板

(十) 天花板

天花板的设计是展位的亮点之一。在顶部布置仿古方格,用于悬挂半圆型柔丝段,当中加以灯光,以增加展位的光线,控制整个展位的基调。同时,这样的设计也能够体现苏绣饱满圆润的作品风格,让整个展位显得温馨淡雅。

二、丰桐裕蓝印布艺有限公司模拟参展展位设计

(一) 展位设计总体思路

为了充分展示蓝印花布产品历史悠久、文化底蕴浓厚,同时又极富民族色彩、古朴时尚的特点,公司的展位将尽力用各种蓝印花布制品布置成一个古朴温馨的家庭环境,展现江南水乡特有的乡土气息,体现蓝印花布朴拙幽雅的文化底蕴。其中,针对 $3\times3\times3$ 的展位立体空间,我们将分别设计大门、主墙面、左墙面、右墙面、地面和顶部共六个面,另外展位内区域的展架、桌椅、装饰物等的摆放也将进行详细的规划和设计。总之,我们会将有限的空间充分利用起来,同时结合现代高科技的多媒体展示技术,将蓝印花布这一古老的传统手工艺品充分展现给客户,将整个展位打造成公司的一张靓丽的名片。

蓝印花布产品展位的创新设计主要体现在四个方面:大门、主墙面、顶部和地面设计。同时,对于左侧墙面、右侧墙面以及内部空间的布置,也有不少亮点。

(二) 大门创新设计

展位大门(3×3)将用简单、轻便的材料装饰成一个仿古大门(木质镂空),

第五章　出口商品参展展位的设计及布置　　117

图　5-14

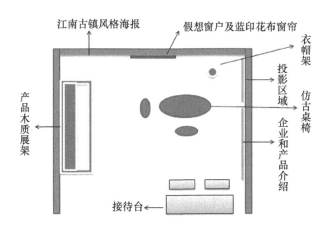

图　5-15

类似江南水乡古镇平常人家的院门。其中,大门顶端将悬挂一幅"丰同裕"仿古牌匾(仿古牌匾底色为黑色,"丰同裕"三个字为金黄色隶书),展示"中华老字号"丰同裕的悠久历史。另外,牌匾两侧将安置轻便泡沫制成的仿古瓦制屋顶(错落有致,重叠成排,颜色为深褐瓦色),反映水乡古镇特色。同时,大门左侧悬挂一幅较窄的古朴蓝印花布壁画,右侧悬挂一串蓝印花布挂鱼,以在显眼位置突出产品主题。在大门的右上角,则可以悬挂一把展开的蓝印花布伞,尽显古镇的魅力。

图 5-16

（三）主墙面（正对大门）创新设计

正对大门的主墙面将整体张贴一幅精心设计的拟景海报（江南水乡乌镇风光）,主体为一个敞开向外的木质落地窗户,窗外风景为江南水乡特有的小河和泊船。窗户的两侧会用真实的蓝印花布窗帘装饰,平面和立体相结合会使展出更有层次感,也在不经意中体现蓝印花布古朴平实的风格。海报其余部分也将用画面模拟一个水乡普通人家的装饰,尽显古镇的古朴民风。

（四）左侧墙面创新设计

左侧墙面主要使用仿古木质展架（简单的线条型展架,三层,每层均有独立小格,方格中都有小射灯打向产品,竖直方向错落悬挂,颜色为与背景墙和主题色调相辉映的深色）,类似普通人家书房中的书架,用来展示蓝印花布的经典产品系列。产品的摆放也将精心设计,配合展架中的灯光,尽量营造一个温馨的家庭环境。

左侧墙面除了展架外,靠近大门一侧的空余墙面将悬挂大幅的蓝印花布画作,如张择端的《清明上河图》、郑板桥的《竹》等。另外,墙面也会用简单的水墨风光墙纸装饰。

图 5-17

（五）右侧墙面创新设计

右侧墙面靠近大门的部分将用海报展示丰同裕公司的简介和蓝印花布的起源及制作过程。同时，在靠近展位内部的右侧墙面专门开辟一块区域悬挂白布，用于视频投影的播放展示，使用便携式投影仪播出蓝印花布的制作流程，图片和影像资料同时使用，将极大地丰富展出内容。另外，墙面也使用与其他部分风格一致的水墨风光墙纸装饰。

（六）地面创新设计

为了营造更为逼真的水乡古镇环境，我们准备为展位地面(3×3)铺设图案为仿古青砖的地面贴纸，类似古镇里古老的步行街上铺设的青砖，营造一种置身于江南水乡的感觉。

（七）顶端空间创新设计

展位顶端由于是开放性空间，没有天花板的限制，因此我们将简单地装饰一下，即在展区顶端布置大幅波浪状蓝印花布布料（两侧用钉子固定，中间横拉数根较细且牢固的塑料或钢丝线，用于做出波浪形造型），横跨整个展区上空。这样，不仅利用了顶端空间，同时也展示了蓝印花布产品。

（八）内部空间创新设计

首先，在展位内部摆放一个有古镇特色的仿古茶几作为商业谈判时的谈判桌，同时用蓝印花布桌布装饰茶几，并在茶几上摆放蓝印花布手工小工艺品，如方巾、杯垫等。桌边配置相同系列的木质座椅，且配有蓝印花布坐垫及相应的靠垫。待与客户谈判时，再端上同为古镇瑰宝的菊花茶，使客户有亲切如归的

图 5-18

感受。另外,在展位的空闲区域可以摆放木质的立式挂衣架,不仅可以逼真地展示蓝印花布帽子和服装,同时也可以用于客户的衣物悬挂,贴心而实用。当然,若空间足够,在谈判桌旁或窗帘墙角等地方也可适量摆放绿色植物,健康而环保。

其次,根据主办方提供的桌椅,在展位大门口右侧布置前台,用于接待来往的客户、派发宣传手册和作为咨询台等。

三、评价意见

这两份展位设计是2014年上海大学悉尼工商学院学生参加国际贸易模拟商品展销会时的电子展位设计图。苏绣和蓝印布艺都是具有"中国风"的产品。总体来看,从总体思路、墙面设计到空间设计,描述得比较仔细,整个设计比较符合产品的特点,具有古色古香的特色。其中,墙面设计颜色搭配合适,内容符合产品的特点,空间设计比较合理,展架也体现了"中国风"的特色,并且还对天花板、地面和门面做了特别设计,具有可行性。在提交展位设计时,有以下几个需要改进的地方:(1)在描述整个展位设计时,可以分为总体思路、墙面设计、空间设计、海报设计四个部分。(2)设计墙面时,除了墙纸的颜色搭配外,也要注意墙面上不能少了公司和产品的元素,需要用少量的文字来表达,并且墙面上也要布置少量的产品,否则很难让顾客将墙面图与产品或者公司联系起来。另外,如果有天花板和门面设计,要充分考虑可行性,因为毕竟最后在参加展出时,还是要把电子展位付诸实践的。(3)在对每个部分进行描述后,最好还要指出对每个部分进行设计时具备的特色。

练习与实训

一、思考题

1. 海报设计需要符合什么原则?
2. 墙面设计中,色彩搭配需要注意什么?
3. 在进行电子展位设计时,可以通过哪些软件完成?

二、实训

请根据选定的商品设计一个立体彩色电子展位图,要求是3×3平方米的空间,三面墙,每面墙的尺寸是3×3×2.5米。

第六章 产品发布会的设计与展示

第一节 设计的原则与理念

对商界而言,举办产品发布会,是自己联络、协调与客户之间的相互关系的一种最重要的手段。产品发布会的常规形式是:由某一商界单位或几个有关的商界单位出面,将有关的客户或者潜在客户邀请到一起,在特定的时间和特定的地点举行一次会议,宣传产品,尤其是介绍新产品。

产品发布会的主题通常有两个:一是宣传企业;二是发布新产品。企业举行产品发布会的目的通常有三个:一是增加企业知名度;二是提升企业形象;三是展现企业实力。

对于真实参展企业,往往借助于发布新产品而达到以上目的;而对于模拟参展企业,更注重于对整个企业产品的介绍,以达到增加企业及其产品知名度的目的。

不论是真实参展企业还是模拟参展企业,设计产品发布会时都要符合以下原则:流程连贯性;与产品结合,完美展示产品;"新"产品挖掘新的卖点;表现形式多样新颖,在不脱离产品的前提下令观众眼前一亮;把形式和内容恰当结合,不要顾此失彼。

第二节 展示方式

产品发布会的展示方式是多种多样的,主要有直接呈现、走秀、多媒体展示、唱歌、舞蹈、舞台剧、小品、魔术等。

直接呈现是最直观、最简单的方式,就是直接把产品放在展台等观众能够清晰看到的地方,并进行展示,使观众能全方位、多角度地看到产品。在展示的同时进行解说,使观众更好地了解产品。

走秀是以T台模特走秀的形式展示商品。这种形式比较适用于服饰类产品或者其他一些小型产品,如旗袍、汉服、帽子、杯子等。

多媒体展示是通过多媒体形式,比如将产品通过大屏幕用照片或者视频等进行展示。小型或者大型产品都非常适合用这种方式来展示。比如,蛋雕是一种非常精致的工艺品,其精妙之处在于蛋壳表面细致精巧的花纹和图案。但是,如果把它以直接呈现的方式展示给观众,观众就无法领略到这些花纹的魅力。所以,要将其以照片形式放在背后的大屏幕上,更好地展示给观众。又如,汽车由于体积过大,无法在舞台上一一展示,可以通过多媒体照片及视频展示。

唱歌、跳舞具体表现为将产品展示与唱歌、跳舞结合在一起,通过歌曲和舞蹈的形式将产品的特性、优点等展示给观众。比如,扇子这件产品就可以通过扇子舞的形式来展示,编排不同的舞蹈动作,搭配不同的扇子和不同的状态(扇子展开、半开或合拢)。

舞台剧、小品是生动精彩的表现形式,将产品融入其中,在剧本中自然地、不露痕迹地使用产品,使观众在轻松愉悦的氛围中了解产品。比如,介绍耳机这个产品,就可以通过编排一个自闭少年通过耳机恢复与世界沟通的剧本,展示耳机的独特外观及功能等。

魔术这种展现方式会给人出其不意的惊喜感,在这种惊喜感下又加深了对产品的认识。比如,手帕这一产品由于其轻巧便携的特点,就可以通过魔术来展示,使手帕"无中生有"地变出来,并以不同形式呈现,给观众视觉上的惊艳效果。

然而,不论采用何种形式,都不能脱离对产品及公司的介绍。如果最后观众只记住了表演,而没有记住产品或企业,那发布会将是非常失败的。真实参展企业在进行发布会时,通常以介绍为主,但是如果能配以一些新颖的形式,将会达到很好的效果。而对于模拟参展企业来讲,纯粹地介绍产品不能够很好地抓住观众的眼球,吸引他们的注意力。纯粹的舞台剧或小品等形式又有些喧宾夺主,如果再脱离产品,那将是非常失败的发布会。因此,在设计发布会时,新颖而恰当的展现方式是非常重要的,这样如何挖掘产品的卖点就成了重中之重。

第三节 产品卖点的挖掘

发布会上,展示产品时对产品卖点的挖掘是重中之重。参展企业务必尽可能挖掘产品卖点,使产品的特点最大程度地展现在参观者面前。

那么,何为卖点?卖点是指所卖产品具备的与众不同的特点。这些特点一方面是产品与生俱来的,另一方面是通过营销策划人的想象力、创造力产生的,使之落实于营销的战略战术中,转化为消费者能够接受和认同的利益和效用,以达到产品畅销、建立品牌的目的。

为此,参展企业首先要分析产品本身的性能。根据不同产品的不同特性,展销的侧重点也有所不同。参展企业需要从技术、品质、材料、外观、价格、功能、品牌等角度出发,找到产品本身最具优势的特点,从而设计合适的展示方式。下面将选择性地就产品的不同优势展开分析:

(1) 技术优势。如果产品具有很强的技术优势,参展企业需要向观众暗示使用产品时的优越感、愉悦感和安全感。这种体现可以结合人们更高层次的需求,比如时尚、热点、公益、文化、梦想等。

(2) 品质优势。如果产品具有品质优势,参展企业需要通过必要的对比突显产品的优质特点,可以从产品的使用寿命、使用时的舒适度以及产品的信赖程度等角度表现。

(3) 材料优势。材料优势大多体现在产品的环保性和对人的健康的影响方面,同样可以打出"环保公益"的牌子。

(4) 功能优势。如果产品本身具有功能优势,如独一无二的功能或非常多样且操作简便的功能,参展企业需要尽可能多地将它们展示给观众,并有所侧重地强调某种或几种观众较为关注的功能特点,给观众留下较深的印象。

此外,发布会产品可分为实用性、实用中性和非实用性三类。实用中性产品具有一定实用性,消费者对其接受和认可程度较易受个人偏好影响,介于实用性产品和非实用性产品之间。展示不同类别的产品需要不同的展示方式。

艺术品属非实用性产品,也并非必需品,因此首先需要挖掘的便是其独一无二的特性。此类产品需要强大的设计,在展销时需要让参观者充分意识到其丰富内涵和设计理念。此外,参展企业可联系时下热门话题,如环保,向参观者传达一种理念,赋予产品除了美感以外的更多内涵。同时,需要尽可能开发产品的多种功能,向观众展示其除装饰以外的其他功用。例如,在设置场景时,可以将产品代入不同的使用情境,令观众觉得该产品的应用背景很强,而在艺术分的基础上加上实用分。

对于生活用品,因为这类产品实用性较强,所以基本的使用功效需要体现出来。同样,在与同行的激烈竞争中,表明产品不同的特性非常重要。要使产品在同类中脱颖而出,需要挖掘使观众眼前一亮的闪光点,包括其设计、独特功能、便捷性等。另外,创新是非常重要的一点。例如,风琴式纸家具具有许多同类家具产品所没有的特点:轻便、可折叠、可循环。纸家具由牛皮纸经手工制作而成,可以展示产品环保、便携、形式多变、适用环境广的特点,同时可以邀请参观者以亲自体验的方式验证展品牢固、可信赖的特点。参观者在亲身参与过程中培养了与产品的感情,同时让产品更容易被参观者认可。

此外，在挖掘和展示产品卖点时，需要确立产品的目标受众和目标市场，选择目标受众最容易接受和认同的方式展示产品。

第四节　人员的分工

一场别具一格的产品发布会通常需要 5 到 8 名工作人员，这些人的特长可各不相同，但应当具备下列至少一种能力：组织能力、表达能力、展现能力、创想能力、制作能力等。

产品发布会人员的分工可以根据人员的具体特长和能力来设置。如果成员的集体观念、组织能力都较强，则适合做组长；如果成员口齿清晰，表达能力、英语口语能力以及感染力较强，则适合做产品发布会的讲解人；如果成员较好地掌握了一系列多媒体技术并有较好的设计感，则适合负责视频、PPT 以及发布会的配乐等的设计与制作；富有表现力和舞台感的成员适合在舞台上配合讲解人做表演。总之，可以基于组员的不同特长，由组长来安排不同的工作。

第五节　突发情况的处理

产品展示队伍需要提前对产品发布会上可能发生的突发情况作好充分的准备，包括设想、模拟和应对解决。在设想环节，展示队伍需要尽可能完全地罗列发布会上可能发生的突发状况：多媒体设备问题，道具损坏，产品损坏，讲解员、展销员临场状况等。在模拟环节，展示队伍需要搜集关于展会地点尽可能详细的信息，模拟展会现场的环境，包括评委、观众，考虑应对方法。在应对解决环节，要注意解决突发状况破坏展示节奏的问题。展示节奏在展示环节中起到润滑的重要作用。发生突发状况时，要尽可能缩短状况修复的时间。因此，在条件允许的情况下，展示队伍有必要准备一定的备用产品和道具、替换人员。此外，展示队伍需要对队员应对突发状况的心理进行训练，确保参展现场真有意外发生时不至于手脚大乱。以下就上述环节归纳了几条建议：

（1）确认发布会场所及其位置和大小，以确保展示内容能够顺利充分地在展台展现。

（2）确认多媒体播放的文件支持格式，备份多用转换格式。相同文件保存两份以上，交由不同队员保管。

（3）在条件允许的情况下，准备充足的产品和道具，尽可能降低意外损伤给展会造成的影响。

(4) 不过分依赖多媒体设备和道具。

(5) 参展前进行充分的排练和模拟以及心理训练。

(6) 在突发状况发生(如声音、视频突然无法播放)时,尽量跟上原来的参展节奏,跳过一些不是很重要的环节,在有限的时间内将最重要、最核心的信息传达出来(这一部分应在模拟时最大限度地作好预想)。

第六节 产品发布会设计案例分析

这里附几个产品发布会的设计文稿及评价意见供参考,这几个发布会的视频资料可于北京大学出版社的网站上下载,网址为:http://www.pup.cn/。

一、产品生态瓶的 8 分钟产品发布会设计

(一) 设计文稿

1. 0—0.5 分钟

主题:开场引入

时长:0.5 分钟

展现方式:视频

内容:通过一个人的视角,经过带有生态瓶照片的室内空间之后,推开一扇门,来到发布会的现场。这时,视频中的舞台拉开了帷幕,舞台的屏幕上写着:EcoEcho Product Launch。这段视频的主要目的是将观众引入我们的产品发布会之中。

2. 0.5—2 分钟

主题:特色舞蹈

时长: 1.5 分钟

展现方式:舞蹈 + 场景背景营造

内容:伴随视频中的图片及音乐,四位身着职业装、头戴面具的男生承接主持人的话上台,进行为时 1 分 30 秒的舞蹈表演。这段舞蹈通过对都市白领一天中从起床、洗漱、穿衣、挤地铁、步入公司工作直到精神、身体崩溃的表现,描绘了城市中现代人枯燥乏味、快节奏的生活。他们每天重复着一样的事情,走进拥挤的地铁,面对繁重的工作任务,为了生活而生活,失去了生活的乐趣与真正的意义。舞者佩戴面具是因为现在人人都戴着一副"面具"去面对别人,同时也表现出现代人在巨大的生活、工作压力下仍要保持镇定、笑对领导的现状,通过夸张的动作表现出虚伪的面具下其实是一副狰狞、不堪重负的神情。这段舞

蹈通过对现代人的一天的描述,引出产品生态瓶的一项重大意义,即为人们的生活带来绿色,将慢节奏的思想传播开来。通过生态瓶中的微型世界与现实生活的强烈反差,表现出人们在高强度工作、生活压力巨大的现实世界中,更期待寻找自由生活、童话家园的美好愿望。

3. 2—5 分钟

主题:产品说明

时长:3 分钟

展现方式:演讲+视频

内容:产品介绍将从产品理念、产品分类、产品功能、产品特色四部分分别展开。产品理念是为人们带来一种慢生活,在忙碌疲劳的一天中添加一丝绿色,将情绪释放,以另一种心态对待当前的生活。另外,生态瓶也是将一个缩放的大自然生态循环系置放在我们的生活空间里,小而精致,自然绿色的理念无处不在。对于产品分类,将根据瓶子的型号进行介绍。在产品功能方面,生态瓶可观赏,可装饰,可用于送礼,更重要的是,将产品的理念传递给身边的每个人。产品特色分为小小世界和自由 DIY。易格自然生态瓶以各式各样的卡通人物作为瓶子的主题,围绕卡通人物营造相应的生态环境,放在透明的玻璃瓶里,呈现出一个绿野仙踪的小小世界。不仅如此,我们还可以自己动手塑造一个心目中的小小世界,选择喜欢的主题人物,将砂石、泥土、植被、绿叶栽培于瓶中,全过程地享受 DIY 带来的乐趣。

4. 5—8 分钟

主题:童话梦幻世界

时长:3 分钟

展现方式:玩偶 Cosplay+视频环境营造

内容:随着美妙音乐的响起,来到了现场展示 DIY 制作的环节。背景屏幕上放映着的是制作生态瓶的前期步骤,音乐选择方面是具有空灵童话气息的北欧音乐。接下来,舞台上出现了一棵具有童话色彩的圣诞树,一个美丽的白雪公主也随着音乐翩翩起舞,来到了舞台中央,并带着一个尚未制作完成的生态瓶。随后,白雪公主与屏幕制作生态瓶的视频同步,一起完成生态瓶的 DIY 过程。制作生态瓶的最后步骤,是将各式各样的玩偶放入生态瓶,使得整个生态瓶充满生气,栩栩如生,宛如一个微缩的森林世界。将微型的生态瓶场景投映到现实舞台,反映出生态瓶将虚拟的童话梦与现实生活联系在一起的含义。每当白雪公主将一个可爱的玩偶模型放入生态瓶,舞台上就会走过来一个与玩偶同样穿着的真实人扮玩偶。微型世界与现实场景完美地融合在了一起,生态瓶

"Realize your dream just by DIY"的意义就此突显。发布会的最后,背景屏幕上是客户手捧生态瓶的一张张笑脸照片。舞台上,白雪公主和玩偶们围绕着生态瓶的微型世界,许下自己的美好心愿,一同开心地玩耍,呈现出一派童趣、开心、和谐、热闹的场景,再次表现出生态瓶微缩童话世界的主题。

（二）评价意见

生态瓶是一种创意花卉产品,就是"将少量的植物、以这些植物为食的动物和其他非生物物质放入一个密闭的光口瓶,形成的一个人工模拟的微型生态系统"。在科学教学活动中,生态瓶是一种有趣、充满活力且十分有用的工具。大多数的孩子都喜欢饲养、观赏生态瓶中的鱼和其他各种水生生物,这种饲养和观赏可以增长知识,促进探究,增进理解,并带来美的享受。

该发布会的设计总体来讲突出了产品的设计理念、瓶中童话内容、制作原料及过程,将这个产品的主要卖点展示了出来,在2014年国际贸易模拟商品展销会上获得一等奖。设计的主要特点体现在以下几个方面：

（1）比较精细。模拟展销会上要求产品发布会不能超过8分钟,如何在8分钟之内将产品的主要卖点展示出来便成了关键。该发布会在设计时具体到每一分每一秒,并且每一场景都展示了产品的一个主要卖点,展示方式变化多样,考虑比较周全,设计比较精致。

（2）展示形式多样又不脱离产品。开头30秒视频有声势而又巧妙地把产品及公司的信息展示给观众;1.5分钟的特色舞蹈展示了现实生活的快节奏、压力和生态瓶的慢节奏、平静的巨大反差,舞蹈有特色、有寓意又不乏欣赏性;3分钟的演讲＋视频＋展示突出了产品的系列、功能,不脱离主题;3分钟的童话场景展示了产品的制作原料和制作过程,玩偶服装巧妙地把小瓶中的内容放大,变成可观赏的元素,比较巧妙。

（3）卖点展示清晰。每个场景展示了产品的一个卖点,清晰并容易理解。设计理念、设计内容以及方便的制作过程都被清晰地展示了出来。

二、产品梳子的8分钟产品发布会设计

（一）设计文稿

在发布会上,我们将产品的展示穿插在四部分场景中,如下表所示：

	产品主题	展示方式
场景一	成人礼系列(缘)	古风舞蹈
场景二	情侣系列(爱)	舞蹈剧——上海滩爱情
场景三	收藏/送礼系列(礼)	小品——国际商务礼仪
场景四	感恩系列(孝)	应用秀——头部穴位按摩
收尾	产品总汇	空中展示产品

具体内容如下：

开场：旁白者(站中间)简要介绍公司名、主营产品、产品特色以及场景一(两位少女用古风舞蹈的形式展示成人礼系列产品)。

1. 场景一(缘)

以"缘"为核心理念，缘的意思为人与人之间微妙的联系，在这里我们赋予其新的含义——女孩与梳子之间的微妙缘分。女孩1捧产品随音乐《冰菊物语》出场，邀请女子2出场。每一位少女都渴望默默地改变自己，让自己变得更美，而在变美的过程中，梳子是少女不可缺少的一部分。此时，二人各自用舞蹈形式表达了每一把梳子与少女之间都有一种冥冥注定的缘分。随后，二人共舞，她们相视梳发髻，表现梳子将人与人之间的关系进一步拉拢，更深一步地阐明了梳子与少女之间不可分割的联系。

衔接部分：少女下场，旁白者走到中间，介绍第二幕(以老上海风格现代舞剧的形式展现情侣系列产品)。

2. 场景二(爱)

这一系列的产品针对的人群是情侣，产品特色为：两把不同的梳子结合在一起，能拼成一颗爱心。剧首，背景音乐起(《夜来香》)，旁白者下，舞女上(旗袍配舞扇)，舞入场至台中央。爱慕舞女的男子出场，递上玫瑰花束，玫瑰花束中立着情侣系列——爱心对梳。舞女惊喜地扔掉手中的舞扇，并不是因为男子手中的玫瑰花束，而是因为玫瑰花束中我们的产品——爱心对梳。舞女取出对梳后舞到舞台的一侧梳妆打扮，并于此时展示我们的产品(同时，男子不解地挠挠头，并将玫瑰花束扔到边上)。男子再次邀请舞女共舞，舞女转回舞台中间与男子共舞，并将对梳的一半送给男子作为定情信物。(旁白者解说：梳子可以代表爱情，有私订终生、白头偕老的意思。)两人咬着定情信物一起共舞，结尾为男子将女子托起飞旋一周，随后牵手下场。

衔接部分：舞女下场，旁白者走到最中间，介绍第三幕剧情(以幽默小品的形式展现送礼系列梳具)。

3. 场景三（礼）

我们将玉檀木、黑檀木这两种名贵材料制成的梳子作为送礼系列的梳具，并在这一幕中加入了国际商务的元素。两位不同国度的王欲达成一笔交易，一方的王在交易之前总会抵触另一国度的文化，作出一些刁难。此时，一方的王作出让步，将名贵的送礼系列产品玉檀木礼梳作为商务至宝送给另一方的王，以促成交易的完成。这一幕以诙谐的小品形式吸引观众的眼球，而王与王之间的交易将送礼系列的名贵印象摄入人心。

衔接部分：二王退场，旁白者登场（换装成为老中医），介绍牛角的医疗功效，为后面的感恩系列产品作铺垫。

4. 场景四（孝）

感恩系列以牛角制品为主。牛角有按摩头皮、促进血液循环、放松紧张和疲劳的情绪的作用，主要针对的客户为较为年长的人，也可作为送给亲人的礼物。在此场景中，旁白者成了老中医，首要介绍牛角材料的梳具对人体的功效。随后，孩子着急地携着头疼的老母亲上场，希望老中医能帮助母亲缓解病痛。此时，助手展示感恩系列牛角梳，并将其赠与心急的孩子。老中医慢慢地向观众，也向台上的孩子讲解正确的牛角梳使用方式（分为 STEP 1、2、3），而孩子则做应用秀，仔细、体贴地为老母亲梳头，以体现牛角梳对人们表达孝的作用。这样的方式能深刻引起每一位有发部问题或者心系家人的观众的共鸣。

收尾：在四个场景结束后，每个场景的人物从幕后纷纷出场，简单地变换队形作产品的最终汇总（背景音乐：《冰菊物语》（首尾呼应））。

在将近尾声的时候，本次产品发布会将以空中旋转的方式展示"谭木匠"梳具产品，即三名男生将前几幕不同年龄段的女性（少女、成年女性、老年人）于膝盖处抱起。此时，配合音乐，男生将原地转体180°，三位女子纷纷在上空举起产品作梳妆状。随后，男生绕中心点公转一周，向观众展示不同年龄段女性的应用秀。

谢幕：亮点过后，男生将女生放下，所有成员携手走到舞台中间，鞠躬谢幕。

（二）评价意见

梳子是比较普通的一款产品，该团队联系到的"谭木匠"产品却具有高贵、艺术、温情、多功能的特点。总体来讲，该发布会设计最重要的特点是清晰，与产品的设计非常吻合，在2015年国际贸易模拟商品展销会上获得一等奖，并引起了真实企业领导的重视。该发布会的设计主要有以下几个特点：

（1）产品系列非常清晰。该设计主要展示了缘、爱、礼、孝四个系列的产品，每个系列的产品样式不同、包装不同，充分地把"谭木匠"产品展现了出来。

（2）展示方式多样又不脱离产品。展示方式有舞蹈、爱情剧、小品、应用秀等,每种方式都不脱离产品,与产品的风格非常搭配,并且充分展现了产品的卖点。

（3）展示有亮点。首先是应用秀的展示,将梳子的使用与脉络的疏通充分展示出来;其次是空中展示环节,克服了梳子小而不适合走秀的缺点,把观众的眼球吸引到了空中的产品上。

练习与实训

一、思考题

1. 产品发布会设计的原则有哪些?
2. 产品发布会的展示方式有哪些?如何设计一场完美的产品发布会?
3. 如何发现产品的卖点并以不同方式展示?
4. 如何根据人员不同的特长进行分工?

二、实训

请每个团队根据自己选定的产品,设计一个 8 分钟的全英文发布会,形式不限,但必须突出展销产品的系列以及产品的主要卖点。

第七章　出口商品交易谈判前的准备

出口商在做好了国际市场调研的准备工作以后,就要开始与外国商人正面接触,谈判,订合同。这一阶段是政策性、策略性、技术性特别强的阶段。

第一节　谈判材料的准备

一个成功的出口商品交易谈判表现为,买卖双方在谈判的每个环节上,都抱着真诚、认真的态度,准备好每个细节的资料,做到"知己知彼"。

一般来说,出口商要做好下列几方面谈判材料的充分准备:

第一,了解对方国家的政治制度、对外贸易政策及相关的法律法规等。首先,稳定的政治经济情况是贸易正常进行的前提,无法想象人们会与一个政局动荡、内战不断、经济每况愈下、趋于崩溃的国家的商人进行贸易。其次,要特别关注一些国家的对外贸易政策及相关的法律法规变化的情况。比如,2015年1—4月,浙江省农产品出口额为25.8亿元,同比下降19.3%。宁波检验检疫局专家认为,农产品出口下滑与国际贸易环境,特别是遭遇关税、技术性贸易措施、贸易救济措施"三重壁垒"有重要关系,其他产品类似。

第二,了解对方国家的运输条件。国际贸易中,国际货物运输相当复杂,同时也相当重要。作为进、出口商,必须了解出、进口国的地理环境和所处位置,这样才能有效地保证国际运输方式的正确选择和运输任务的顺利完成。比如,出口到捷克的商品通过海运到德国汉堡后,必须再通过公路或铁路运输才能到达贸易国目的地,在选择运输方式时就要选择海陆联运。

第三,了解对方国家海关商品进出口税率、商检措施、主要贸易港口的业务和费用等。这是每个贸易商核算价格、与对方讨价还价、降低成本和费用的基础。

第四,收集对方国家进出口商品的市场信息。商品出口到某一个国家,首先要调研相关商品在国际市场上的生产、消费、贸易、价格以及主要的进出口国别等方面的情况,不同的商品在质量上有其不同的特性和要求,而在交易中又有其特殊的操作方法和惯例。因此,要做好:(1)产品调研,包括品种、规格、材料、颜色、款式、包装装潢、商标、物流方式等;(2)市场竞争情况调研,包括市场容量、主要供货国别、主要竞争者、主要消费对象等;(3)市场消费特点调研,包括消费水平、质量要求、消费习惯、销售季节、商品供求和价格变动规律等。

第五,对方的背景调研,包括公司注册资金、营业执照、经营能力、资信情况等基本信息,以及公司的主营业务、生产基地、产品种类、客户分布、未来的整体规划等。

第六,产品质量调研,包括产品制作工艺流程、在生产线上可能有的潜在风险、交货后的质量处理问题以及国内和国际使用的检验检疫标准等。

第七,卖方报价的准备。国际上常用的是 FOB、CIF 报价,而为了应对精明的买方,避免谈判出现冷局,考虑到各种情况下既履行既定的义务又享有更多的权利,卖方还要将 CFR、FCA、CPT、CIP、DAP 等价格都计算好,同时将整件产品和零部件产品的价格都准备好,以便谈判中随时选用。

第八,准备好本国贸易环境资料,包括:本地的报检及检验检疫政策、程序和费用,保险,本地的出入境贸易货款结算政策、程序和费用,海陆空运输政策、费用及港口情况,海关进出境货物的通关转关政策、流程和费用等。

第九,准备好名片、产品资料、报价资料,以及假设对方提出各种可能情况的应对方案等。

第二节 谈判策略的制订与选择

一、出口商品交易谈判策略的含义

出口商品交易谈判,是谈判双方无不借助谈判策略的运用显示其才华的过程。在这个过程中,参与谈判的双方或多方都要为自己获得尽可能多的利益而绞尽脑汁,是一个"合作的利己主义"过程。因此,谈判策略选用是否得当、能否成功,是衡量谈判者能力高低、经验丰富与否的主要标志。

出口商品交易谈判策略是对谈判人员在商务谈判过程中为实现特定的谈判目标而采取的各种方式、措施、技巧、战术、手段及其反向与组合运用的总称。在具体的谈判过程中,出口商品交易谈判策略包含两层含义:参加商务谈判人员的行为方针和他们的行为方式。

二、出口商品交易谈判策略的制订与选择

出口商品交易谈判过程可以划分为三个阶段:开局阶段、磋商阶段、结束阶段。在不同的交易谈判阶段,谈判人员会选择一些略带主导性的策略,制订不同的谈判技巧。当然,由于出口商品交易谈判涉及的问题复杂多变,在谈判过

程中,谈判人员往往把多种策略同时综合运用。

(一) 开局阶段策略

开局阶段是商务谈判过程的起点,开局的好坏在很大程度上决定着整个谈判的发展。任何谈判都是在一定的氛围中进行的,谈判人员首先要积极创造和谐的谈判气氛,其次要运用自然的话题转入实质性的谈判阶段,最后要向对方陈述自己的观点、立场,同时注意观察和推测对方的意图。这是在开局阶段选用的策略。

(二) 磋商阶段策略

磋商阶段是出口商品交易谈判的实质性阶段,是谈判双方斗智、比实力的阶段。

1. 报价策略

报价和还价是整个谈判过程的核心和最重要的环节。这里所说的"报价"是指向对方提出自己的所有要求。在报价与还价的关系中,报价又是还价的基础。谈判人员必须遵守一定的原则,比如:报价的表述要清楚;报价态度要坚定;对报价应解释说明;买方的报价策略是"出价要低",卖方的报价策略是"喊价要高"。

2. 还价策略

(1) 价格虚实的探寻策略

弄清对方报价的虚实,是谈判人员在还价过程中首先要解决的问题。探寻对方报价虚实需要遵循一些基本的原则,包括:对报价内容都要进行调查,对缺少报价依据的提议要持怀疑态度;在查证询问中应主次分明,把握关键问题;在谈判一方拒绝提供与报价相关的资料的情况下,应采用弄清报价真相的策略,不要被对方迷惑。

(2) 假设求真策略

假设求真策略常常借助"假如……那么……"或者"如果……那么……"的问话方式实现自己的目的,常用在还价中。这样的问话在谈判中往往很有效用。例如,"假如我与你签订长期合同,那么你怎样让步?""假如我方让你在淡季接下订单,那么你会给我方哪些优惠?"对方对这些问题的回答,往往会暴露他的底数或留下口实。

那么,如何应对假设求真策略呢？有经验的谈判者在听到对方"假如……那么……"的问话时,总是仔细考虑后再给予答复。通常的做法是:不对"假如……,那么……"的要求马上估价;要求对方以承诺一些提议作为条件,才给予回答;反问对方是否马上签订合同;转移对方的注意力;用"我们都可以考虑一下"的回答拖延时间,以便充分考虑后再作回答。谈判的实践表明,有效地运用"假如……,那么……"问话和予以破解,可以使谈判双方达成公平协议。

(3) 围堵出击策略

在还价中,谈判一方为了实现自己的利益,专门向对方的提议或产品提出一堆问题和要求,迫使对方在自己身上先做一笔时间和精力的投资,最终把握住讨价还价的机会。如何应对围堵出击策略?通常的做法是:沉住气,判断对方提出的问题和要求是否真实,要能直攻腹地,开门见山地和对方私下商谈;要学会运用大事化小、小事化了的技巧;对于无谓的挑剔或无理的要求,要给予理智的回击;己方也可以提出某些问题以加强自己的议价力量。

(4) 坚持原则策略

当买方所提的要求使卖方感到为难时,卖方可以运用坚持原则策略予以应对。坚持原则策略是卖方主谈人员向买方解释:如果答应你方的要求,对我方来说就等于开了一个不合适的先例,这样就会迫使我方今后向其他客户也提供同样的优惠,这是我方所负担不起的。谈判的实践表明,坚持原则策略对于供方来说,是一个可用来搪塞和应付需方所提的不可接受的要求的简便办法。

3. 适当的退让策略

在实际的出口商品交易谈判过程中,洽谈双方都需要作出一定的让步,"以退为进",方能双赢。可以说,退让是洽谈双方为达成协议所必须承担的义务。退让,无可非议,也是不可避免的,但是怎样让步就大有学问了。有经验的洽谈高手往往以很小的退让就可换取对方较大的让步,并且还会使对方感到心满意足,愉快地接受。相反,有的时候,即使作出大幅度的退让,对方仍不高兴。

那么,到底应该怎样让步呢?实践中,退让是要达到某种预期目的和效果,必须把握好让步的尺度和时机。这没有既成的公式和程序可以遵循,只能凭借洽谈者的经验、直觉和机智进行处理。

在出口商品交易谈判的实践中,商人们总结出常见的八种退让策略,不同的退让策略给对方传递的信息不同。对于某一步退让,谈判各方会作出何种反应,不仅取决于退让的尺度大小,还取决于彼此退让的心理准备和策略。这八种退让策略的特点及利与弊如下:

表 7-1　八种常见的退让策略

退让策略	限定让步值（US$）	初期让步（US$）	二期让步（US$）	三期让步（US$）	四期让步（US$）
1	20(US$)	0(US$)	0(US$)	0(US$)	20(US$)
2	20(US$)	20(US$)	0(US$)	0(US$)	0(US$)
3	20(US$)	5(US$)	5(US$)	5(US$)	5(US$)
4	20(US$)	3(US$)	1(US$)	6(US$)	10(US$)
5	20(US$)	10(US$)	6(US$)	1(US$)	3(US$)
6	20(US$)	9(US$)	5(US$)	4(US$)	2(US$)
7	20(US$)	15(US$)	2(US$)	0(US$)	3(US$)
8	20(US$)	12(US$)	4(US$)	4(US$)	−4(US$)

（1）第一种退让策略是一种在让步的最后阶段一次让出全部可让利益的让步方法。该策略给予对方的感觉是一直没有什么妥协的希望，因此也有人称之为"坚定的让步策略"。

如果买方是一个意志比较软弱的人，那么当卖方采用此策略时，买方可能早就放弃了讨价还价，因而得不到利益；如果买方是一个意志坚强、坚持不懈、不达目的不罢休的人，那么只要不断地迫使卖方让步，即可达到目的，获得利益。这种策略在运用时，买卖双方往往都要冒着形成僵局的风险。

这种策略的主要特点是：让步方态度比较果断，往往被认为有大家风度。这种策略是在开始时寸步不让，态度十分强硬；到了最后时刻，则一次让步到位，促成和局。因此，这种策略主要的好处在于：① 在起初阶段寸利不让，坚持几次"NO"之后，足以向对方传递己方的坚定信念。如果洽谈对手缺乏毅力和耐性，就有可能被征服，使己方在洽谈中获得较大的利益。② 在坚持几次"NO"之后，一次让出己方的全部可让利益，对方会有险胜感，因此会特别珍惜这种让步，不失时机地握手成交。③ 会给对方既强硬又出手大方的强烈印象。但是，这种策略主要的弊端在于可能失去伙伴，具有较大的风险性；同时，易给对方传递己方缺乏诚意的信息，进而影响洽谈的和局。因此，这种让步策略一般适用于：洽谈的投资少、依赖性差，因而是在洽谈中占据优势的一方。实践证明，谁在洽谈中投资少、依赖性差，谁就有承担洽谈失败风险的力量，或者说，不怕洽谈的失败。总之，这种让步策略有利，也有弊；有时在卖方一再坚持"NO"的情况下，有可能迫使买方作出较大的让步。

（2）第二种退让策略是一种一开始就拿出全部可让利益的一次性退让策略。其主要特点是：务实、坚定、坦率、态度诚恳。在洽谈进入让步阶段，谈判一方一开始就让出全部可让利益，亮出底牌，以达到以诚制胜的目的。

这种策略的好处主要体现在：① 这种率先的大幅度让步具有强大的诱惑力，会在洽谈桌上给对方留下好的印象，有利于达到自己的目标。② 首先作出让步，会给对方合作感和信任感。③ 由于谈判一方一开始就向对方让出自己的全部可让利益，亮出底牌，比较容易打动对方而使其做出回报行为。④ 由于谈判一方一步到位的让利且坦诚相见，提高了谈判效率，有利于速战速决，降低洽谈成本。其弊端主要体现在：① 在遇到强硬而又贪婪的买方的情况下，在卖方一次让步后，买方可能会"再接再厉"，以争取更大的让步。这时，卖方显然会拒绝买方的要求，因而可能导致买方的不理解，这样僵局就难以避免了。② 由于这种让步操之过急，可能给买方传递一种还有利可图的信息，对于买方会有极强的刺激，因而导致其期望值大大提高，从而继续讨价还价。③ 买方由于一次性的大步让利，可能失掉本来能够力争的利益。

因此，这种让步策略一般适用于己方处于谈判劣势或谈判各方之间的关系较为友好的情况。有时，卖方采用这种策略，还会得到买方大量的回报，可谓"利弊并存，事在人为"。处于谈判劣势的一方往往是谈判的被动方，却不一定是被提议一方。为此，该方在谈判中的让步应当表现为以诚动人，积极、坦诚，用一开始就作出最大让步的方法感召对方以同样的方式予以回报。在双方关系比较友好的谈判中，更应该以诚相待。

（3）第三种退让策略是只要遇到耐心等待的买方，就会不断鼓励买方期待进一步的让步。这是一种等额让出可让利益的让步策略。其特点是：步子稳健，态度谨慎，具有统领全局、步步为营的气势。国际上称这种让步策略为"色拉米"香肠式让步策略。在对外贸易谈判让步的过程中，不断地讨价还价，"挤"一步让一步，让步的数量和速度是均等、稳定的。

这种退让策略的优点在于：① 遇到性情急躁或无时间长谈的买方时，卖方往往会占上风，削弱买方的议价能力。② 由于此种让步平稳、持久，本着步步为营的原则，因此不易让买方轻易占了便宜。③ 对于双方充分讨价还价比较有利，容易在利益均沾的情况下达成协议。其缺点主要表现在：① 买方每讨价还价一次，都有等额利润让出，这样会向其传递一种信息，即只要耐心地等，总有希望获得更大的利益。② 这种让步效率极低，通常要浪费大量的精力和时间，因此洽谈成本较高。③ 每次让利的数量相等、速度平稳，类似马拉松式的洽谈，给人的感觉平淡无奇，容易使人产生疲劳厌倦之感。

等额让步谈判策略目前在出口商品交易谈判中极为普遍。讨价还价比较激烈，分利必争，在价格问题上常常秉持步步为营原则的人普遍愿意使用该策略。在缺乏谈判知识或经验的情况下，以及在进行一些较为陌生的谈判时运用该策略,效果会比较好。另外,对于没有谈判经验的人,以及在进行较为陌生的谈判时,由于不熟悉情况,为防因急于求成而在谈判中失利,人们往往会运用这一策略。

这种"色拉米"香肠式让步策略就像切香肠一样,把自己的让步总值切成小片,切得愈薄愈好,这样可以给对方虚假的印象,似乎己方很强硬。又由于双方好像都无法确认哪一片香肠是最后的一片,都消磨了过多的时间、精力,都想志在必得,因此都拭目以待。这就进一步拖延了谈判的时间,压力也会不可避免地越来越大,甚至很容易使谈判双方"走火",超出慎重的界限。

(4) 第四种退让策略是一种先高后低,然后又拔高的让步策略。这种让步策略的特点是:富于变化,比较机智、灵活。在出口商品交易谈判的让步过程中,在较为恰当的起点上让步,然后缓速减量,给对方传递一种接近尾声的信息,能够正确处理竞争与合作的尺度。这时,如果买方已经知足,即可见好就收;如果买方仍要穷追不合,卖方再大步让利,在一个较高的让步点上结束洽谈。

这种让步策略的优点是:首先,谈判中富有活力。如果不能在缓速减量中完成谈判,则采取大举让利的手法,谈判易于成功。其次,让步的起点比较恰当、适中,能够给对方传递可以合作并有利可图的信息。最后,由于在二期让步中减缓一步,可以给对方造成一种接近尾声的感觉,容易促使对方尽快拍板,保住己方的较大利益。这种让步策略的缺点是:首先,由于二期让步就已向买方传递了接近尾声的信息,后来又作了大步让利,这样做往往给对方的感觉是卖方不够诚实,因此对于友好合作关系的洽谈来说往往是不利的。其次,由于这种策略表现出由少到多且不稳定的特点,因此容易鼓励对方得寸进尺,继续讨价还价。最后,由于初期让步比较恰当、适中,给对方留下了很好的印象,可二期让步却向对方传递了一个不真实的信息,因此反而影响了初期留下的美好印象。

这种策略一般适用于竞争性较强的谈判。这种策略富有变化性,在运用时要求技术性较强,同时又要时刻观察谈判对手对己方让步作何反应,以调整己方让步的速度和数量,操作起来难度较大。对于缺乏洽谈经验的谈判人员来讲,运用这种策略往往容易出现破绽。

(5) 第五种退让策略是一种从高到低,然后又微高的让步策略。这种让步策略往往可以显示出卖方的立场越来越坚定,表示卖方愿意妥协,但是防卫严密,不会轻易让步;也告诉买方,可"挤"的东西越来越少了。最后,以一个适中的让步结束洽谈。其特点是:诚中见虚,柔中带刚;合作为主,竞争为辅。这主要是在谈判初期就向前大步迈进,然后小让微利,以高姿态出现,并作出较大的礼让,以向对方传递已无利再让的信息。这时,如果买方一再坚持,并以较为适中的让步结束洽谈,效果往往不错。

这种退让策略的优点是:首先,由于经过大幅度的让步之后,到三期仅让微利,给对方传递了已基本无利可让的信息,因此比较容易使对方产生优胜感而达成协议。其次,如果三期作微小让步仍不能达成协议,再让出最后稍大一点的利润,往往会使对方很满意而达成协议。最后,由于谈判的让步起点较高,具有较强的诱惑力,一般的买方都会较为满意,因此谈判的成功率较高。其缺点主要表现为:首先,头两步让大利与后两步让小利形成了鲜明的对比,容易给买方造成一个印象,即卖方的诚心可能不足。其次,这种让步策略一开始让步很大,容易给强硬的买方造成卖方软弱可欺的不良印象,因而容易加强对手的进攻性。

这种策略一般适用于以合作为主的谈判。由于谈判建立在互利互惠的基础之上,因此开始时作出较大的让步,有利于创造出良好的合作气氛和建立友好的伙伴关系。尽管后两步让利较少,但终究是作出了让步,这时如果买方能够正确看待卖方所作出的让步,或许也会给予相应的回报。

(6) 第六种退让策略是一种渐次下降、由大到小的让步策略,即先让出较大的利益,然后再逐期减让,到最后一期让出较小的利益。这种退让策略的特点是:在业务谈判的让步过程中,以较大的让利作为起点,然后依次下降,直到可让的全部利益让完为止;比较自然、坦率,符合出口商品交易谈判活动中讨价还价的一般规律。因此,这种让步策略往往给人和谐、均匀、顺理成章的感觉,是出口商品交易谈判中最为普遍采用的一种让步策略。

这种让步策略的优点是:首先,由于采取了一次比一次更为审慎的让步策略,一般不会产生让步上的失误,同时也可以防止对方猎取超限的利益。其次,有利于洽谈各方在等价交换、利益均沾的条件下达成协议。再次,由于让利的过程中采取先大后小的策略,往往有利于促成洽谈的和局。最后,给人顺乎自然、无须格外劳神之感,同时也易为人们所接受。其缺点是:首先,这是谈判让步中的惯用方法,缺乏新鲜感。其次,这种让步由大到小,对于买方来讲,越争取,利益越小,因而往往使其感觉不好,终局情绪不会太高。

这种让步策略一般适用于出口商品交易谈判的提议方。一般情况下,如果谈判的提议方在谈判的让步过程中不肯率先让出足够引起对方兴趣的利益,对方也就不会作出相应的让步了。反之,谈判的提议方对谈判的和局更为关切,理应以较大的让步作出姿态,以诱发对方对谈判利益的期望。这种策略的技巧之处就在于此。

（7）第七种退让策略是一种开始时大幅度递减，后又出现反弹的让步策略。这种让步策略的特点是：给人憨厚、老实、软弱之感，因此成功率高。这种策略在让步初期就让出了绝大部分利益，二期让利快达到己方可让利的边界，到第三期则原地不动，这就向对方传递了能让的利已基本让完了的信号，如果对方仍一再坚持，再让出己方保留的最后一点利润，以促成谈判成功。

这种让步策略的优点是：首先，三期让步显示出很大的反差，这有可能打消对方进一步要求让利的期望。其次，以求和的精神为先，开始就让出大部分利益，因此有换得对方回报的可能性。再次，尽管其中也藏有留利的动机，但客观上表现出了温善的态度，是比较艺术的做法。最后，又让出小利，即显示了己方的诚意，会使通情达理的谈判对手难以拒绝而达成协议。其缺点是：首先，这种策略可能由于三期让步遭受拒绝后，导致谈判僵局或败局的出现。其次，由于开始时表现软弱，大步让利，当贪婪的对手得逞时，会刺激其变本加厉，得寸进尺。

这种让步策略一般运用于在谈判竞争中处于不利境地，又急于获得成功的谈判。由于这种让步较早、较大，可能会使对方得寸进尺，所以到三期时采取了固守的策略，这样会向对方传递"该收场了"的信号，同时又给对方台阶下，就会促成谈判尽快结束。最后，再让出小利，更坚定了自己的立场。同时，由于己方处于劣势，初期即让出较大的利益，可能会尽快地促成洽谈的成功。

（8）第八种退让策略是一种在起始两步让完全部可让利益，三期赔利相让，到四期再讨回赔利相让部分的谈判策略。这种让步策略在谈判中是最富有戏剧性的一种策略，也是具有特殊性的一种策略。这种让步策略的特点是：果断诡秘，又具有冒险性，是一种具有很高技巧的让步策略，只有富有谈判经验的人才能灵活运用。这种策略首先从另一个角度进行讨价还价，以收回不该让的部分利益，换取自己所需的部分。然后，再果断地让出绝大部分可让利益。二期让步时，再让出一小部分利，使己方可让的利益全部让完。三期时，并不消极地拒绝，而是诱惑性地让出本不该让的一小部分利。

这种让步策略的优点是：首先，对方一旦"上路"，并为洽谈付出了代价，再借口某种原因，从另外一个角度调回自己所需的利益，就容易促成和局了。其次，由于开始两步即已让出了全部可让的利益，因此具有很大的吸引力，往往会使陷入僵局的洽谈起死回生；如果前两部分让利尚不能打动对方，再冒险让出不该让出的利益，这样就会产生一种诱惑力，使对方沿着己方思路往前走。这种让步策略的缺点是：首先，在四期向回讨利时有一定的风险性，因此如果处不当,往往会导致谈判的破裂。其次,由于开始两步就已让出了己方全部可让的利益,会导致对方的期望增大,这在心理上强化了对手的议价能力。最后,三期让步时让出了不该让出的一步,如果在四期不能讨回,就会损害己方的利益。

这种让步策略一般适用于陷于僵局或危难时的谈判。由于己方处境危险,又不愿使已经付出的代价付诸东流,因此不惜在初期就大步相让,并以牺牲自己的利益为代价挽救谈判,以促成谈判的和局。

(三) 结束阶段策略

买卖双方在克服了一个又一个的障碍和分歧,经过讨价还价的反复磋商后,都会不同程度地向对方发出签约意愿的信号。这一阶段,促成签约的策略主要有:

1. 让利策略

该策略是指给予对方某种特殊的优惠作为尽快签订合同的鼓励。例如,通过允许试用、打折、提前送货、附送零配件等手段,可促使尽快签约。

2. 欲擒故纵策略

买卖双方都可以采用这一策略,其特征是:故意对对方不在乎,使对方担心错失良机,以便使对方的想法充分暴露,然后再顺势引导对方签约。

卖方利用该策略促成签约的方法是:向买方指出"存货不多,欲购从速",并向买方解释。"我们只剩下这么多货了,新产品要过×××(时间)才能生产出来";或向买方示意"目前要求订货的订单较多,这个优惠价的截止日期是×××";或向买方表示"如果你现在还不尽快签订合同,以后要货就没有优惠价了"……

买方利用该策略促成签约的方法是:告诉卖方"假如你不肯让步,我们只好另找供货方了";或"我方来电催促,要求六天内必须到货,否则就不买了";或"我们不接受×××(时间)的订单";或"你先考虑,我去接待其他客户";或"这时成交效果最好,请尽快决定"……

☞ 案例一

出口甘草膏谈判

交易背景

一家日本进口商(以下简称"日方")急需从中国进口 8000 箱甘草膏,40 箱/公吨装,共 200 公吨。中方出口企业的情况是,甘草膏的库存量虽然不小,但其中有相当一部分是前一年的存货。自然,中方希望先出售旧的,而日方希望得到新的,双方由此展开谈判。

谈判过程及策略运用

  谈判一开始,日方首先讲述了自己目前所面临的种种困难,希望得到中方的帮助。中方代表问日方需要订购的数量。日方回答说,我们肯定是要订的,但确切的数量取决于你们甘草膏的质量和价格等因素,所以我们首先想听听你们的介绍。于是,中方开诚布公地说,今年由于雨水较多,影响了甘草膏的质量,不如往年,而且现有库存中,今年的量并不充裕,国际市场价格今年也比去年高,所以建议你们购买去年的存货。虽经再三说明,但日方仍然坚持要新的,谈判陷入了僵局。次日,双方回到谈判桌前,日方首先拿出一份最新的官方报纸,指着上面一篇报道说:"你们的报纸报道今年的甘草获得了丰收,所以不存在供应量的问题,我们仍然坚持昨天的观点。"但是,中方冷静地指出:"虽然今年甘草丰收了,但是今年我们国内需求很大,你们可以不买存货,但是如果等到所有的存货在我们国内市场卖完,而新的又不足以供应时,你们再想买就晚了,建议你方再考虑考虑。"日方沉思良久,仍然拿不定主意。为避免再次陷入僵局,中方建议:"我们在供应你们存货的同时,供应一部分新货,你们看怎么样?"日方经再三考虑,也想不出更好的解决办法,终于同意进一部分存货。但是,订多少货?新货与存货的比例如何确定?这些都还将继续谈判。日方最初的订货量计划为7000箱,后增加到8000箱,并要求新货数量为5500箱。中方听后连连摇头,表示:"8000箱我方可以保证,但是其中5500箱新货是根本不可能的,我们至多只能给2400箱新货。"日方认为2400箱新货太少,希望能再多供应一些。中方诚恳地说,考虑到你们订货量较大,我方才答应供应2400箱的,否则连2400箱都不可能,我方已尽力了。日方无奈地说,既然你们不能增加新货量,那我要求将订货量降为5500箱,因为那么多存货我回去也没法交代。中方听后表示不同意,谈判再次中断。

  经过了3天的考察,日方客户又找上门来了。据了解,他没有找到更合适的供应商,而且时间也不允许他再继续拖下去了。这次,日方主动要求把自己的总订货量提高到5900箱,其中2400箱新货保持不变。中方的回复是:不知库存是否还有足够的货,昨天一位客户订购了一批甘草膏,其中包括540箱新货(那位客户实际只买走270箱)。这下,日方客户有些沉不住气了,抱怨中方不守信用。中方理直气壮地表示:"我们并没有签订任何协议呀,你方也并未要求我们替你们保留,卖给任何人都属正常。"日方自知理亏,也就不再说什么。过了一会儿,他借口出去一下,实际是往总部打电话。回来后,他一副很沮丧的样子,对中方说:"如果这件事我不能办好,那么回去后我将被降职、降薪,这将使我很难堪,希望你能考虑我的难处。"中方本来很强硬,听他这么一说,也非常同情,况且刚才所说的卖掉540箱也是谎称,何不拿剩下的270箱做个人情呢?这对以后的合作也可能有益无害。于是,中方代表很宽容地对日方说:"其实我们做生意的都很不容易,这样吧,我方再想办法帮你弄到你要数量的新货,你看这样行吗?"日方一听,喜出望外,连连感谢。最后,双方愉快地在合同上签了字。

资料来源:根据上海国际商会会员企业业务案例资料整理。

☞ 案例二

一位荷兰商人与日本三洋公司的交易谈判

交易背景

乔菲尔是一位荷兰犹太电器销售商人。和许多犹太人一样,他在谈判中崇尚机智,追求果断,谈判技巧十分老到。乔菲尔想从日本的钟表批发商三洋公司进口一批钟表。在谈判前两周,乔菲尔邀请了一位日本律师作为自己的谈判顾问,并委托该律师提前收集有关三洋公司的情报。经过调查,他掌握了以下重要信息:三洋公司近年来财务状况不佳;这次他要买的这批商品是中国台湾地区和另一家日本企业承包的;三洋公司属于家族性企业,目前由第二代掌管,总经理的作风稳重踏实等。

谈判过程及策略运用

到达日本后,乔菲尔立即和日本律师以及自己请的荷兰律师一起讨论谈判的细节,特别是日本法律和荷兰法律的差异。谈判开始前,乔菲尔收到了三洋公司草拟的合同,他和律师决定围绕这份合同展开谈判。

1. 谈判前认真研读对手草拟的合同

在三洋公司提出的合同草案中,有一条是关于将来双方发生纠纷时的仲裁问题,三洋公司提出在大阪进行仲裁。一般来说,代理销售类合同发生纠纷的原因主要有拒付货款和产品质量问题两类。一旦出现纠纷,双方最好通过协商解决,打官司是万不得已的办法。还有一种方法是事先在合同中明确约定一个双方都认可的仲裁机构。目前,世界上有许多专门处理商业纠纷的仲裁机构,虽然大家的仲裁目的相同,但由于各国法律不同,因此在不同的地方仲裁,结果会大相径庭。

2. 找对手弱点，为后面的还价埋下伏笔

谈判开始后，乔菲尔没有对价格提出异议，使谈判进行得十分顺利，日方非常高兴。但是，很快，谈判遇到了第一个波折。这个争议是乔菲尔引起的，因为一项建议内容在原合同中没有。按照三洋公司的意见，一旦他们的产品在欧洲销售时遇到侵犯第三者的造型设计、商标或专利纠纷的情况，三洋公司不承担责任。对此，乔菲尔坚决反对，因为出现此类纠纷的可能性虽然很小，但如果真的全部由自己承担全部诉讼费用和损失，成本未免太大了。但是，三洋公司寸步不让。乔菲尔之所以提出此事，实际上是为后面的讨价还价创造筹码。

果然，三洋公司表示可以确保自己产品的质量，但无法保证自己的产品完全和别人不一样。在双方僵持许久的情况下，乔菲尔提出第一个解决方案："一旦因产品雷同被起诉，我方承担诉讼费，贵方承担赔偿费，如何？"日方拒绝。乔菲尔修改意见："我们双方各承担全部费用的一半？"日方态度仍然坚决："不！"乔菲尔又提出新方案："无论费用多少，日方最多承担5000万日元？"日方还是一口回绝。这是日本商人的典型做法：就是不让步，从不提解决的办法，而对对方提出的方案又全部否定。此时，乔菲尔表情失望地说："我方可以保证每年最低1亿日元的销售量，贵方承担的限额降为4000万日元，如何？"日方代表的态度终于有所缓和，毕竟如果永远摇头，那就不要谈生意了。

那么，乔菲尔明知日方不会同意，为何还穷追不舍呢？他的意图就是为谈判设置障碍，故意让对方在小问题上不让步，以便在重大利益上赢得收获。

3. 把握谈判节奏，控制谈判进程

面对日方的一再拒绝，乔菲尔佯装无可奈何，并慨叹碰到了谈判高手。正在日方代表洋洋自得之时，乔菲尔突然提出对仲裁方式没有任何好感，喜欢做事干脆，因此提出有纠纷就在日本诉讼的建议。对此，日方认为在自己国家打官司对自己有利，故而十分爽快地答应了。这时，乔菲尔一边肯定双方取得的进展，一边提出万一出现前面提到的设计雷同上的纠纷，三洋公司无论如何也要承担一些责任，具体金额到时再议。对此，日方欣然同意。

这时，乔菲尔突然提出双方只剩最后一个关键问题，就是价格。日方的要价是单价2000日元，而乔菲尔的还价是1600日元，对方不接受，谈判再次陷入僵局。为此，乔菲尔又提出了种种方案，如预付部分定金、提高每年的购货量、拿出一定比例的费用作为广告费等，以换取1600日元的价格。三洋公司仍然坚决拒绝1900日元以下的价格，谈判只好暂停。

次日，谈判再度恢复，乔菲尔对双方已经取得的成果高度肯定，然后表示：

"如果只为区区几百日元的价位而牺牲此次谈判,实在是太可惜了。既然大家的利益是一致的,为什么不能找出双方都能接受的价格呢?"接着,乔菲尔根据自己掌握的资料和信息,提出以同样的价格完全可以从中国台湾或香港地区买到同样的商品,虽然自己现在仍不想到其他地方购买,但总不能在价格上比其他地方高出太多。日方感觉到了乔菲尔一番话语的分量,表示要慎重考虑。此时,乔菲尔提出了1720日元的新价格,并表示只给日方两个小时的考虑时间,然后起身离席。日方急忙请乔菲尔留步。

两个小时后,日方提出:"能否再加一些价?"乔菲尔拿出计算器算了一会儿之后说:"那我个人就送给贵方20日元的优惠吧!"至此,乔菲尔与三洋公司签订了合同。

4. 深谋远虑,出奇制胜

乔菲尔和三洋公司签订合同后的前三年,双方履约十分顺利。但是,后来突然出现了意想不到的纠纷:美国的S公司声称三洋公司的产品与自己的产品颇为相似。乔菲尔迅速聘请律师进行了调查。

原来,三洋公司曾为S公司制作过一批产品,而给乔菲尔的产品只是作了一些修改,有很多相像的地方。因此,S公司一边要求乔菲尔停止销售,一边要求得到20万美元的赔偿。对此,三洋公司的态度十分消极,一直拖了4个月没有答复。乔菲尔只好停止了销售和支付货款,并请S公司直接与三洋公司接触。

此事的根源自然在三洋公司,他们却气势汹汹地找乔菲尔,要求其立即支付货款,并声称赔偿和乔菲尔拖欠是两回事。但是,乔菲尔义正词严,称正是三洋公司的行为使自己的声誉蒙受了巨大损失,自己也应得到赔偿。三洋公司通知乔菲尔的律师,决定在日本法院起诉乔菲尔。然而,令三洋公司没想到的是,在日本法院起诉荷兰公司要先由日本法院将起诉状呈日本外务省,再由日本外务省呈荷兰外交部,然后送到荷兰法院,再通知乔菲尔,打官司的时间要好几年。不仅如此,日本法院的判决结果在荷兰是无效的。此时,三洋公司提出到荷兰打官司,可是与合同当初订立的条款不符。即便日本法院的判决在荷兰有效,然而由于乔菲尔的公司属于荷兰的"皮包公司",没有任何实际资产,三洋公司不会取得任何好处。

最后,三洋公司只好以乔菲尔欠的货款的大部分抵作了赔偿金,3年前签订的合同条款在关键时刻发挥了作用。

资料来源:根据上海国际商会会员企业业务案例资料整理。

练习与实训

一、思考题

1. 出口商品交易谈判有哪些特点？
2. 出口商品交易谈判的主要内容有哪些？
3. 出口商品交易谈判中对于货物的品质通常如何表示？
4. 出口商品交易谈判中对于货物的数量需要注意什么？
5. 出口商品交易谈判中的包装条款应就哪些方面进行磋商？
6. 出口商品交易谈判中的价格条款主要涉及哪些内容？
7. 出口商品交易谈判中的交货条款应就哪些方面进行磋商？
8. 出口商品交易谈判中的支付条款应注意哪些问题？
9. 出口商品交易谈判中关于检验的磋商主要包括哪些内容？
10. 出口商品交易谈判中的不可抗力条款一般涉及哪些问题？
11. 出口商品交易谈判中的索赔问题应就哪些方面进行磋商？
12. 出口商品交易谈判中的仲裁条款应协商哪些问题？
13. 出口商品交易谈判的难度相对较为简单，是因为：
 (1) 大多数货物均有通行的技术标准
 (2) 大多数交易属于重复性交易
 (3) 谈判内容大多围绕与实物商品有关的权利和义务
 (4) 合同条款较为简单
14. 出口商品交易谈判合同的价格条款中，商品单价的确定应联系其他各项交易条件统筹考虑。
 (1) 对　　　　(2) 不对
15. 出口商品交易谈判合同的交货条款中，最重要的是应规定：
 (1) 货物运输方式　　(2) 装运时间　　(3) 装运地和目的地
16. 出口商品交易谈判合同的支付条款中，出口谈判选用的支付货币一般应是：
 (1) 硬货币　　　　(2) 软货币

二、实训

1. 我国某厂与美国某公司谈判进口一批机械设备，美方报价320万美元，我方不同意；美方降至230万美元，我方仍不同意。美方很不愉快，扬言最多再降15万美元即至215万美元，不成交就回国了。我方谈判代表因为掌握了美商交易的历史情报,所以不为美方的威胁所动,坚持再降。第二天,美方果真回国,我方毫不吃惊。几天后,美方代表又回到中国继续谈判。我方代表亮出在国外获取的情报——美方在两年前以198万美元将同样的设备卖给了罗马尼亚客商。情报出示后,美方以物价上涨等理由狡辩了一番,最终将价格降至合理价位。

请问:在这个谈判案例中,我方运用了哪些还价方法?请一一分析。

2. 国内某民营科创生产企业向一家销售公司经理推销自己生产的专利产品"老年人上下楼梯轮椅"——一种可以解决城市多层住宅中老年人上下楼梯不方便问题的轮椅,希望由该公司总经销。在谈判中,其他方面都没有问题,但是双方在价格问题上始终谈不拢。最后一次,厂家改变了策略。双方刚一见面,销售公司经理就说:"价格不降,我们是不能接受的,即使再谈也没有用。"厂家主管马上回答说:"经理先生,今天我不是来同您谈价格的,我是有一个问题要向您请教,您能花一点时间满足我的要求吗?"销售公司经理愉快地接受了。坐定后,厂家主管说:"听说您是厂长出身,曾经挽救过两个濒临倒闭的企业,您能不能给我们一些点拨?"在销售公司经理一番谦逊的表示后,厂家主管接着说:"我们的'老年人上下楼梯轮椅'正如您所说,价格偏高,所以销售第一站在你们这里就受阻了,再这样下去,工厂非倒闭不可。您有经营即将倒闭的企业的经验,能不能告诉我,如何才能降低这'老年人上下楼梯轮椅'的成本,达到您所要求的价格,而我们又略有盈余?"接着,厂家主管与销售公司经理逐项算账,从原材料型号、价格、用量到生产工艺、劳务开支、设备折旧等,进行了详细核算,并对生产工艺及流程进行了多项改进,结果价格却只是微微降低了一些。当然,对销售公司经理所付出的劳动,厂家主管报以真诚的感谢,送上礼品和劳务费,并表示一定接受他的意见,降低生产成本。然后,当厂家主管再谈到总经销价格时,销售公司经理没有任何犹豫就接受了,并说:"看来这个价格的确不能再降了,你们作了努力,我们试试销售吧。"

请问:在这个谈判案例中,"老年人上下楼梯轮椅"制造厂家主管使用了怎样的谈判技巧?请一一分析。

第八章 出口商品交易谈判

第一节 出口商品交易谈判的方式和内容

一、交易谈判的方式

交易谈判又称为"贸易磋商",其方式有口头和书面之分。口头磋商是由我方人员与外商当面或电话洽谈,包括我国外贸企业邀请国外客户来访,参加各种商品交易会(如广交会),以及由我方派遣业务人员、贸易代表团,或委托驻外机构、海外企业代为在当地洽谈等面对面的磋商。书面磋商系使用信函、传真(fax)和电子邮件(E-mail)进行磋商。在使用传真时,应注意传真件会褪色,不能长期保存。所以,通过交换传真达成交易后,必须补寄正本文件或者另行签订书面合同或确认书。

不论是在真实展销会还是在模拟展销会上,交易双方大多使用口头磋商的方式。本章不仅介绍了贸易谈判各条款的基本知识,还给出了常用的英语谈判的语句,仅供参考。

二、交易谈判的内容

进出口商品交易谈判谈什么?谈交易条件,即"合同条款"。一般来说,常见的交易条件有11个:(1)品质条件(quality),即商品的质量性能等;(2)数量条件(quantity);(3)包装条件(packing);(4)价格条件(price);(5)装运条件(shipping);(6)支付条件(terms of payment);(7)保险条件(insurance);(8)商检条件(inspection);(9)不可抗力条件(force majeure);(10)索赔条件(claim);(11)仲裁条件(arbitration)。其中,(1)(2)(3)(4)(5)(6)被称为"主要交易条件",而商检、索赔、不可抗力和仲裁条件被称为"一般交易条件"。为了简化磋商的内容,加速磋商的进程,并节省磋商的时间和费用,有经验的进出口商往往在正式磋商交易之前,先与对方就一般交易条件达成协议。所谓一般交易条件(general terms and conditions),是指由出口商或进口商为销售或购买货物而拟订的对每笔交易都适用的一套共性的交易条件。一般交易条件大都印在出口商或进口商自行设计和印制的格式销售合同(确认书)或购货合同(确认书)里。有的出口商或进口商则将拟订的一般交易条件单独印制成文,分发给可能交易的客户。为了使一般交易条件能适用于日后订立的所有合同,我国外贸企业应在与国外客户建立业务关系之初,将印有一般交易条件的格式合同(确认书)送交有关客户并书面确认,同意在今后交易中采用我方提出的一般交易条件和格式合同(确认书)。如果事先不取得对方的同意,而在具体交易达成后再向对方提出我方拟订的一般交易条件,则有可能被对方以我方提出了新的、额外的交易条件为由而否定已达成的条件的有效性,并由此引起争议,甚至造成经济损失。印制在格式合同(确认书)上的一般交易条件经对方确认后,虽可适用于所有合同,但并不等于在日后的具体商品交易中,不能对一般交易条件的规定作出任何变更,双方在具体交易中洽商同意的条件,其效力将超越事先在一般交易条件中所规定的条件。根据法律原则,事后协议可改变或否定事先协议,合同中的书写条款(written clauses)可改变或否定印刷条款(printed clauses)。

三、交易谈判前接待用语

(一)问好

1. Good morning/afternoon/evening./May I help you?/Anything I can do for you?

2. How do you do?/How are you?/Nice to meet you.

3. It's a great honor to meet you./I have been looking forward to meeting you.

4. Welcome to China.

5. We really wish you'll have a pleasant stay here.

6. I hope you'll have a pleasant stay here. Is this your fist visit to China?

7. Do you have much trouble with jet lag?

8. How do I pronounce your name?

9. How do I address you?

10. It's going to be the pride of our company.

(二)相互介绍

1. Let me introduce myself. My name is Benjamin Liu, an Int'l salesman in the marketing department.

2. Hello, I am Benjamin Liu, an Int'l salesman of Fuzhou E-Fashion Electronic Company. Nice to meet you./Pleased to meet you. / It is a pleasure to meet you.

3. I would like to introduce Mark Sheller, the Marketing department manager of our company.

4. Let me introduce you to Mr. Li, general manager of our company.

5. Mr. Smith, this is our general manage, Mr. Zhen. This is our marketing director, Mr. Lin. And this is our RD department manager, Mr. Wang.

6. If I'm not mistaken, you must be Miss Chen from France.

7. Do you remember me? Benjamin Liu from marketing department of PVC. We met several years ago.

8. Is there anyone who has not been introduced yet?

9. It is my pleasure to talk with you.

10. Here is my business card. / May I give you my business card?

11. May I have your business card? / Could you give me your business card?

12. I am sorry. I can't recall your name. / Could you tell me how to pronounce your name again?

13. I' am sorry. I have forgotten how to pronounce your name.

(三) 小聊

1. Is this your first time to China?

2. Do you travel to China on business often?

3. What kind of Chinese food do you like?

4. What is the most interesting thing you have seen in China?

5. What is surprising to you about China?

6. The weather is really nice.

7. What do you like to do in your spare time?

8. What line of business are you in?

9. What do you think about…? /What is your opinion? /What is your point of view?

10. No wonder you're so experienced.

11. It was nice to talk with you. / I enjoyed talking with you.

12. Good. That's just what we want to hear.

(四) 社交招待

1. Would like a glass of water? / Can I get you a cup of Chinese red tea? / How about a coke?

2. All right, let me make some. I'll be right back.

3. A cup of coffee would be great. Thanks.

4. There are many places where we can eat. How about Cantonese food?

5. I would like to invite you for lunch today.

6. Oh, I can't let you pay. It is my treat, you are my guest.

7. May I propose that we break for coffee now?

8. Excuse me, I'll be right back.

9. Excuse me for a moment.

(五) 确认话意

1. Could you say that again, please?

2. Could you repeat that, please?

3. Could you write that down?

4. Could you speak a little more slowly, please?

5. You mean... Is that right?

6. Do you mean...?

7. Excuse me for interrupting you.

(六) 推介产品

客户询问:

1. Could I have some information about your scope of business?

2. Would you tell me the main items you export?

3. May I have a look at your catalogue?

4. We really need more specific information about your technology.

5. Marketing on the internet is becoming popular.

6. We are just taking up this line. I'm afraid we can't do much right now.

回答询问:

7. This is a copy of catalogue. It will give a good idea of the products we handle.

8. Won't you have a look at the catalogue and see what interest you?

9. That is just under our line of business.

10. What about having a look at sample first?

11. We have a video which shows the construction and operation of our latest products.

12. The product will find a ready market there.

13. Our product is really competitive in the world market.

14. Our products have been sold in a number of areas abroad. They are very popular with the users there.

15. We are sure our products will go down well in your market, too.

16. It's our principle in business "to honor the contract and keep our promise."

17. Convenience-store chains are doing well.

18. We can have another tale if anything interests you.

19. We are always improving our design and patterns to confirm to the world market.

20. Could you provide some technical data? We'd like to know more about your products.

21. This product has many advantages compared to other competing products.

22. There are certainly being problems in the sale work at the first stage. But suppose you order a small quantity for a trail.

23. I wish you a success in your business transaction.

24. You will surely find something interesting.

25. Here you are. Which item do you think might find a ready market at your end?

26. Our product is the best seller.

27. This is our newly developed product. Would you like to see it?

28. This is our latest model. It had a great success at the last exhibition in Paris.

29. I'm sure there is some room for negotiation.

30. Here are the most favorite products on display. Most of them are local and national prize products.

31. The best feature of this product is that it is very light in weight.

32. We have a wide selection of colors and designs.

33. Have a look at this new product. It operates at touch of a button. It is very flexible.

34. This product is patented.

35. The function of this software has been greatly improved.

36. This design has got a real China flavor.

37. The objective of my presentation is for you to see the product's function.

38. The product has just come out, so we don't know the outcome yet.

39. It has only been on the market for a few months, but it is already very popular.

第二节 出口商品质量和数量的谈判

一、基本知识

商品质量又称为"商品品质"。按照中国国家标准的定义,商品质量是指商品的一组固有特性满足规定和隐含的要求的特征和特性总和。通俗地说,它是指商品的外观形态(如色彩、气味、大小、长短、款式等)和内在品质(如化学成分、生物性能、物理性能、技术指标等)的总和。

出口商品合同中的质量条款是重要的交易条款,是交易谈判中的主要内容,买卖双方应在交易磋商及合同中规定卖方交货的品质。实际出口业务中,各种商品五花八门,如何清晰、具体地描述商品的质量,让客户收到满意的、与合同中质量描述一致的商品?这是外贸工作者必须掌握的专业技能。质量的内容主要包括:出口商品的品名、规格或等级、标准、商标或品牌、技术指标、货样等。实践中,一般采用"凭样品买卖(sales by sample)""凭等级买卖(sales by grade)""凭规格买卖(sales by specification)""凭标准买卖(sales by standard)""凭品牌或商标买卖(sales by brand or trade mark)""凭产地名称买卖(sales by name of origin)""凭货号、图片买卖(sales by Art. No. , illustration, drawing, diagram)""凭说明书买卖 (sales by specification or description)"等不同组合方式,满足对不同商品质量的描述。切记:无论对商品质量用何种方式表述,都要能够被检验检疫部门检测。

合同中的数量条款是双方交接货物的数量、计算货物总价的依据。数量条款也和品质条款一样,是合同的主要条款之一。洽谈货物的数量条款通常涉及计量单位、度量衡制、计量方法等几个方面的内容。

目前,国际贸易中常用的度量衡制主要有三种:(1) 公制(或米制)(metric system);(2) 英制(british system);(3) 美制(U. S. system)。在洽谈商品的数量条款时,要掌握如下几方面的知识:

(1) 了解所洽谈商品采用的计量单位。例如,重量计量单位一般适用于农副产品、矿产品和部分工业制成品等,如羊毛、棉花、矿砂、钢铁、油类、药品等。对黄金、白银等贵重商品通常采用克或盎司计量,钻石则采用克拉计量。常用的计量单位有:① 重量(weight),如:千克(公斤)(kilogram, kg)、磅 (pound, 1b)、盎司 (ounce oz)、克拉(carat)等。② 个数(number),如:卷(roll, coil, reel),件(package),双(pair),架、台、套(set),打(dozen)等。③ 长度(length),如:米(meter, m)、英尺(foot, ft)、码(yard, yd)等。④ 面积(area),如:平方呎

(英尺)(square foot)、平方米(square meter)、平方码(square yard)等。⑤ 体积(volume),如:立方呎(英尺)(cubic foot)、立方码(cubic yard)、立方米(cubic meter)等。⑥ 容积(capacity),如:公升(liter, l)、加仑(美制与英制一样)(gallon, gal)、蒲式耳(bushel, bu)等。

(2) 熟悉计量单位之间的换算。例如,1 M/T(公吨)= 0.9842 L/T(英制长吨)= 1.1023 S/T(美制短吨),1 S/T = 907.2 公斤,1 桶(石油)≈136 公斤(平均)等。

(3) 在订立数量条款时,不要用"约"数(about, circa, approximate 等)。因为各国对"约"数解释不一,可以采用溢短装(more or less)替代"约"数。溢短装是指在合同中规定允许按合同中的数量多装或少装一定的百分比。例如:Weight certificate by ... at discharging port to be taken as final with 1% more or less allowance against invoice weight. (以××卸货港最终出具的重量证书为准,允许按发票重量溢短装1%。)

二、货物质量谈判(negotiation on quality of the goods)

1. The goods are available in different qualities.
2. There is no marked qualitative difference between the two.
3. This is a quality product.
4. The equipments are of good quality and very useful.
5. Our products are very good in quality, and the price is low.
6. Our product is very marketable in European countries.
7. Nothing wrong will happen, so long as the quality of your article is good.
8. If the quality of your products is satisfactory, we may place regular orders.
9. If the quality of your initial shipment is found satisfactory, large repeats will follow.
10. As long as the quality is good, it hardly matters if the price is a little bit higher.
11. Prices are fixed according to their quality, aren't they?
12. Our price is a little bit higher, but the quality of our products is better.
13. Your goods are superior in quality compared with those of other manufacturers.
14. We'll improve the quality of our products and production efficiency.
15. We put great stress on the quality of our products.

16. We are responsible for replacing the defective goods.

17. They are fully qualified to pass opinions on the quality of this merchandise.

18. We would like to have you offer us 100 metric tons, quality same as last.

19. We find the quality suitable (unsuitable) for our market.

20. We always have faith in the quality of your products.

21. We have received the goods you send us, the quality is excellent.

22. The goods are not of top grade as you've promised.

23. We sincerely hope the quality is in conformity with the contract stipulations.

24. Our Certificate of Quality is made valid by means of the official seal.

25. Commodity: Peruvian FAQ Fishmeal to be treated with antioxidant, the content of which at time of shipment should be 150 ppm/min.

26. Quality and Specifications:

The Fishmeal supplied by the sellers should be free from any live insect pest as well as free from salmonella/shigella/mammal bones and/or mammal bone slivers at time of shipment and should be in conformity with the following Specifications:

Protein: 64% min.
Fat: 12% max.
Moisture: 10% max.
Salt and Sand: 5% max. (Sand alone not exceed 2%.)

举例:

Mr. Stanton is talking with Ms. Zhang. Mr. Stanton is not satisfied with the quality of the goods.

Stanton: Hello, Ms. Zhang. I'm here to discuss the quality of your goods.

Zhang: So, you must have received the products brochure of our hand-embroidered silk table cloth we sent last week.

Stanton: Yes, we studied them carefully.

Zhang: What do you think of them?

Stanton: We find that the colors are satisfactory, but the patterns and designs of the silk table cloth are not suitable. I'm sorry to say that we don't like them at all. We think the quality will not be appreciated by our end-users.

Zhang: As far as I know, our commodities are superior in quality and have always come up to the international standard. They have no rival in quality in Southeast Asian markets. In fact, they're sold well in European markets. With regard to the patterns, could you please tell me more details? What is the problem with the patterns and designs of them?

Stanton: The patterns with dragons are not popular with French people and I'm afraid that they may not be saleable in their country.

Zhang: Well, it's not a real problem at all. Here are our latest designs, and you can have a look and choose what you like.

(After examining the designs)

Stanton: These designs are very lovely and I believe they'll appeal to the most selective consumers. I'd like to place an order of 20,000 pieces. Let's have your offer now.

Zhang: Gladly. Here's our offer, 5 dollars per piece. The quotation is much lower than the current market price.

Stanton: I'm afraid I don't agree with you there. Our information says there are products of much lower price from other manufacturers.

Zhang: Well, then, what's your idea of a competitive price?

Stanton: As we do business on the basis of mutual benefit, I suggest somewhere around 4 dollars per piece.

Zhang: I'm sorry, the difference between our price and your counter offer is too wide. I'm afraid it's impossible for us to entertain your counter offer.

Stanton: I have to stress that our price is in line with the international market.

Zhang: I don't see how I can pull this business through at this price. Let's meet each other halfway. Mutual efforts would carry us a step forward.

Stanton: Well, how's this? We'd like to increase the quantity to 30,000 pieces.

Zhang: All right. In this case, we accept your counter offer for 30,000 tons, at 4 dollars per piece.

Stanton: I'm glad we have brought this transaction to a successful conclusion.

Zhang: I appreciate your efforts and cooperation and hope that this will be the forerunner of other transactions in future.

Stanton: Thank you. We'll be waiting for your confirmation.

三、货物数量谈判(negotiation on quantity of the goods)

1. Let's talk about the problem of quantity.

2. You'll issue a certificate of quantity and weight.

3. The package number and quantity are identical with each other.

4. Quantity matters as much as quality and price, doesn't it?

5. We believe we shall be able to better satisfy our customers quantitatively.

6. The quantity you ordered is considerable.

7. We can supply any reasonable quantity of this merchandise.

8. If the quantity of the goods does not conform to that stipulated in the contract, the importer will refuse to accept the goods.

9. Is there any quantity limitation for the import of cotton cloth from China?

10. They always buy in large quantities.

11. This is the maximum quantity we can supply at present.

12. This is the minimum quantity we require.

13. For such a big sum, we should attach importance to it.

14. For such a big sum, we shouldn't be frightened by this trouble.

15. A small order this year is also welcome.

16. They are not interested in small quantities.

17. For such a big quantity, you should give us a discount.

18. The quantity of rice imported this year is approximately the same as that last year.

19. If you can't arrange for the entire quantity, please offer us at least half.

20. You sent us only a quarter of our requirements.

21. 100 M/T, with 5% more or less at seller's option in quantity and amount.

22. 1000 L/T plus zero/minus 10% at seller's option.

举例：

Mr. Grey wants to increase the quantity ordered so as to lower the price.

Chen: Could you give me some idea about your price on chemical fertilizers?

Grey: We have the offer ready for you. Let me see. Yes, here is the price list.

Chen: I'm afraid your prices are on the high side. We have another offer for the same products at much lower prices.

Grey: You should know that the cost of production has been skyrocketing in recent years.

Chen: The same thing happened in other countries, but they offered lower prices. We only propose that your prices should be comparable to others. That's reasonable, isn't it?

Grey: Well, to get business done, we can consider making some concessions in our prices. But first, you should tell us the quantity you wish to order.

Chen: The size of our order depends greatly on the prices. What would you say if the order is over 5,000 tons?

Grey: In that case we may consider giving you a 2% discount.

Chen: The terms are rather harsh on us, aren't they? Is it possible to increase the discount to 4%?

Grey: The prices we quoted are very keen, and the profit margin is very narrow. We have accommodated you in allowing a 2% discount.

Chen: I'm afraid we can't come to terms if you won't give us a 4% discount.

Grey: We'll agree to give you a 4% discount if you increase your order to 10,000 tons. You know, our prices depend greatly on the size of your order.

Chen: Well, it seems that I cannot choose but accept your proposal. We'll come tomorrow to discuss the details with you.

第三节　出口商品包装的谈判

一、基本知识

国际货物买卖中,商品需要经过长距离辗转运输,有时还需要多次装卸和存储。在运输、装卸、分配和使用过程中,对商品进行必要的包装,对于保护商品、方便运输、储存和分配、消费等都起着重要的作用。包装条款也是买卖合同中的重要条款。

在洽谈包装条款时,应注意如下几点:

(1) 区分销售包装(selling marketing packing)和运输包装(transport packing, shipping package, packing for shipment)。销售包装是商品的内包装,是在商品生产出来后以适当的材料或容器进行的初次包装。它除了保护商品外,还具有美化商品、宣传推广、方便销售和使用等作用。例如,香皂有了包装,就使香味不易溢出。销售包装一般不写在合同里,要写也只写在品质规格栏里。

运输包装又称"大包装""外包装"(outer packing),是指集合若干件小包装的包装。它除了集合小包装、便于装卸和运输之外,更有保护商品免遭搬运、装卸、运输过程中挤压、碰撞、摔打等造成的损害。同时,运输包装上的标志,是便于承运人在运输过程中区别不同的商品的装卸要求、区别不同的目的地和收货方,使不同批次的商品不被搞混、搞错。

(2) 熟悉运输标志(shipping mark)。运输标志又称"唛头"或"唛",是书写、压印或刷制在外包装上的图形、文字和数字,其作用是使装卸、运输、保管过程中的有关人员容易识别,以防错发、错印。

(3) 熟悉所谈商品的包装材料。选择包装材料及填充物要注意国外的规定。例如,有的国家要求进口货物的包装必须采用可循环再生、焚毁、掩埋的绿色包装材料;澳大利亚禁止未经蒸煮的木板、木条制作的包装物进入;美国禁止用稻草做包装材料;英国严格限制玻璃、陶瓷之类的包装进口;有的国家不允许用报纸做填充物。违反这些规矩,货物就会被海关扣押。

(4) 包装的色调、装潢和文字说明要适应国外消费者的风俗习惯和爱好。例如,日本人不喜欢荷花,西欧一些国家的人不喜欢红色,我们切不可以自身的喜好取而代之。

二、包装谈判 (negotiation on packing)

1. How would you pack the goods which we have ordered?
2. We use a polythene wrapper for each silk blouse.
3. A wrapping like this will help push the sales.
4. How will you pack the shipment of toys?
5. We usually use cardboard boxes for toys.
6. We hope the packing will be more attractive.
7. We hope that the design and the colour would suit European taste.
8. Your recommendations on improving packing would be appreciated.
9. This is our design for the packing. Could you possibly give it to the manufacturers for their reference?
10. We hope that you can make some improvements on your packing.
11. Attractive wrapping would help us sell the goods.
12. What about the outer packing?
13. We'll pack the goods 10 dozen to one carton, gross weight around 25 kilos a carton.
14. I'm afraid the cardboard boxes are not strong enough for sea voyage.
15. We use extra heavy cardboard boxes.
16. The cartons are comparatively light.
17. Will you take measures to reinforce them?

18. We'll reinforce them with iron straps.

19. Packing should be suitable for sea voyage.

20. Could you use wooden cases instead?

21. We could use wooden cases for packing if you insist.

22. This kind of packing costs more.

23. When you pack, please put 2 or 3 different designs and colours in each box. This will make it convenient for us to make distribution to the retailers.

24. Would you consider quoting us for the order with neutral packing in cans?

25. We usually do the labelling ourselves as we are responsible for the brand labels of our own products.

26. To be packed in seaworthy export cartons, each contains 100 lbs, measurement of which is $12' \times 13' \times 13'$.

举例:

Mr. Simpson is negotiating a repeat order for preserved dates with Mr. Chu.

Simpson: Now, Mr. Chu, will you tell me about the way of packing for this lot?

Chu: This order shall be packed in cartons with polythene tops.

Simpson: We'd like to have the dates packed in the same way as those supplied last year.

Chu: But the purchase we've made this year was not packed that way. Not solely for Christmas, but for all seasons.

Simpson: Have you got any sample here? I'd like to look at the inner pack.

Chu: Here you are.

Simpson: Mm... I think it's good enough. And what about the outer packing?

Chu: In seaworthy boxes, 50 packs to one box.

Simpson: I suppose the boxes are double strapped as before?

Chu: You are right. We always try to ensure that the boxes are safe in long-distance transport.

Simpson: What is the size of the box?

Chu: We're using special boxes offered by the suppliers. They also undertake to pack the dates according to the contract stipulations.

Simpson: Do they have to send the dates to a specialist packer for packing?

Chu: No, they have a special workshop, offering packing services related to the customers' needs.

Simpson: That will be very helpful indeed ! Could you arrange for me to visit the packing workshop sometime this week?

Chu: Sure. I'll let you know.

第四节　出口商品运输交货的谈判

一、基本知识

国际货运的基本方式有:水运、空运、陆运。

(一) 国际海上货物运输

按照船舶的经营方式,海上货物运输可分为:班轮运输(定期船运输)和租船运输(不定期船运输)两大类。班轮运输(liner shipping)是指按照固定的航行时间表,沿着固定的航线,停靠固定的港口,收取固定的运费的船舶运输方式。租船运输(charter transport),又称"不定期船(tramp)运输"。它与班轮运输不同,船舶没有固定的船期表、航线和港口按照租船人和船东双方签订的租船合同(charter party)规定的条款行事,运费或租金也由双方根据租船市场行情在租船合同中加以约定。在国际贸易中,大宗货物、交货期集中货物或者装船港与目的港之间没有直达航班时,大都采用租船运输。租船有租赁整船和租赁部分舱位两种,一般以租赁整船为多。

1. 杂货班轮运费的构成

班轮运输费用是班轮公司向货主征收的费用,包括货物从装运港至目的港的海上运费以及货物的装卸费,由基本运费和附加运费构成。即运费总额 = (单位基本运费之和 + 附加费之和) × 货运总数量。

运费吨是计算运费的一种特定的计费单位,包含重量吨(weight ton)和尺码吨(measurement ton)。在船公司的运价表中,运费吨一般表示为 FT (freight ton)或 W/M (weight/measurement)。

2. 海上货物运输单据

运输单据是承运人收到承运货物后签发给出口商的证明文件,它是交接货物、处理索赔与理赔以及向银行结算货款或进行议付的重要单据。在国际海上货物运输中,海运提单(bill of lading,B/L)是最重要的班轮运输单据。

3. 海运集装箱运输的方式

根据集装箱货物装箱数量和方式,可分为整箱和拼箱两种。整箱(full container load,FCL)是指货方自行将货物装满整箱以后,以箱为单位托运的集装箱。拼箱(less than container load,LCL)是指承运人(或代理人)接受货主托运的数量不足整箱的小票货运后,根据货物性质和目的地进行分类整理,把去同一目的地的货物集中到一定数量拼装入箱。

分批装运(partial shipments)是指一笔成交的货物分若干次装运。但是,一笔成交的货物在不同时间和地点分别装在同一航次、同一条船上,即使分别签发了若干不同内容的提单,也不能按分批装运论处。

转运(transhipment)是指在信用证规定的装货港到卸货港之间的运输过程中,将货物从一船卸下并装上另一船的行为。

(二) 国际航空货物运输

国际航空货物运输的主要方式有班机运输、包机运输、集中托运和航空快递。

1. 班机运输(airliner transport)

班机运输是指在固定航线上定期航行的航班。班机运输一般有固定的始发站、到达站和经停站,有固定的航期,并在一定时间内有相对固定的收费标准。

2. 包机运输(chartered carrier transport)

由于班机运输形式下货物舱位常常有限,因此当货物批量较大时,包机运输就成为重要方式。包机运输通常可分为整机包机和部分包机。整机包机是指航空公司或包机代理公司按照合同中双方事先约定的条件和运价,将整架飞机租给租机人,从一个或几个航空港装运货物至指定目的地的运输方式。部分包机是指由几家航空货运代理公司或发货人联合包租一架飞机,或者是由包机公司把一架飞机的舱位分别卖给几家航空货运代理公司的货物运输形式。部分包机适合于运送一吨以上但货量不足整机的货物,此时货物运费较班机运输低。

3. 集中托运

集中托运指集中托运人(consolidator)将若干批单独发运的货物组成一整批,向航空公司办理托运,采用一份航空总运单,集中发运到同一目的地,由集中托运人在目的地指定的代理收货,再根据集中托运人签发的航空分运单分拨给各实际收货人的运输方式。

4. 航空快递

航空快递(air express service)是指具有独立法人资格的企业将进出境的货物或物品从发件人所在地通过自身或代理的网络运达收件人的一种快速运输方式。

航空运输单证(air waybill),简称"航空运单",是由承运人或其代理人签发的已接收货物的证明,是发货人与航空承运人之间的运输合同。

(三) 国际多式联运

国际多式联运(international multimodal transport)是指按照多式联运合同,以至少两种不同的运输方式,由多式联运经营人将货物从一国境内接管货物的地点运至另一国境内指定地点交付的货物运输方式。

多式联运单据(multimodal transport documents, MTD)是由多式联运经营人签发的提单,在提单上列明发货港和卸货港、收货地和交货地、最终目的地以及前段运输工具名称等。

二、装运谈判 (shipment negotiation)

1. When do you think you can ship the goods?
2. We usually ship the goods by regular liners.
3. For this lot, could you consider prompt shipment?
4. When is the deadline of the loading period?
5. The loading period we fixed is from September to October, 2015.
6. We require that transhipment be allowed.
7. We hope you can make a direct shipment.
8. To make it easier for us to get the goods ready for shipment, We hope that partial shipment is allowed.
9. The goods we ordered are seasonal goods, so it will be better to ship them all at one time.
10. We can't ship them all at one time.
11. We will take the responsibility of chartering a ship.
12. Is the port of loading Shanghai?
13. For bulk goods such as chemical fertilizers, it's the sellers who arrange the shipping space.
14. We prefer to have the China National Chartering Corporation take care of the shipping.
15. Do you allow any quantity difference when the goods are loaded on board ship?
16. Yes, there may be some difference, but it can't exceed 5% of the quantity stipulated.
17. How do you calculate the difference?

18. We'll calculate it according to contracted price at a later time.

19. The ship should be at the port of loading within 15 to 25 days after you have got the goods ready.

20. If you can't get the goods ready by the time the ship chartered by us arrives at the port of loading, you will be responsible for the losses thus incurred.

21. The buyer is responsible for chartering a ship or booking the shipping space.

22. You should bear all the costs of transportation of the goods, shouldn't you?

23. We'll be responsible for the charges including any customs duties on export, as well as any service charges on exporting goods.

24. As stipulated in the contract, you should inform us by cable, 30 days before the month of shipment, the contract number, name of the commodity, quantity, loading port and the estimated date when the goods will reach the port of loading.

25. You should advise us by cable, 12 days before the date of loading, name of ship, expected laydays, loading capacity, contract number and the shipping agents.

26. Shipment during May from London to Shanghai. The Sellers shall advise the buyer 45 days before the month of shipment of the time the goods will be ready for shipment, partial shipments and transshipment allowed.

三、交货谈判 (delivery negotiation)

1. How long does it usually take you to make delivery?

2. As a rule, we deliver all our orders within three months after receipt of the covering L/C.

3. What about a special order?

4. It takes longer for a special order, but in no case would it take longer than six months.

5. When do I have to open the L/C if we want the goods to be delivered in June?

6. You'll have to open the L/C one month before the time you want the goods to be delivered.

7. Could you possibly effect shipment more promptly?

8. I hope that the goods can be dispatched promptly after you get my L/C.

9. Shipment can be effected within two or three weeks after receipt of your

L/C.

10. I wonder whether you can make shipment in September?

11. I'm afraid it won't be until the middle of October.

12. Shipment by the middle of October will be too late for us.

13. September is the season for this commodity in our market.

14. Shipment should be made before October, otherwise we are not able to catch the season.

15. When is the earliest you can make shipment of the goods?

16. The earliest shipment we can make is early March.

17. You may know that time of delivery is a matter of great importance to us.

18. I'm very sorry, we can't advance the time of delivery.

19. I hope you can give our request your special consideration.

20. We'll get in touch with the manufacturers and see what they have to say.

21. We'll try our best to advance shipment to September.

22. We could receive the goods much earlier if shipment were effected from Hongkong.

23. We want the goods on our market at the earliest possible date.

24. Can you deliver the goods in the end of March if we make Whampoa the port of shipment?

25. The shipment will be made not later than the first half of April.

举例:

1. Mode of Shipment

Mr. Huang and Mr. Robertson, in their business talks, have come to the question of shipment.

Huang: It seems to me our talks proceed quite smoothly. Now, there's still the question of shipment left open.

Robertson: Right, let's discuss the time and mode of shipment. What would you say to prompt shipment, or to be more specific, shipment by the end of September?

Huang: But, Mr. Robertson, it's September 7 today, and shipping space for the line has been fully booked up to mid-September.

Robertson: I'm sure you know we want the walnut meat for Christmas season. And the sea voyage plus the customs formalities and the flow through the marketing channels to retailers would take at least one and a half months. There's no time to lose, Mr. Huang.

Huang: I can understand your position. And it has always been our wish to satisfy you. The problem now is to find the quickest possible way to ship the walnut meat.

Robertson: I think the quickest and savest way might be to send the walnut meat by air. It's quick and the goods are less liable to deterioration.

Huang: Air freight is certainly becoming more and more popular because of its speed. Only the freight cost will be higher and that will affect the retail price. Also, air space has to be booked far in advance.

Robertson: Well, what about transhipment at Hongkong? That will enable the goods to reach the destination earlier, as there are more frequent sailings for Europe from Hongkong.

Huang: Even if transhipment space to Europe from Hong Kong is available, it will also add considerably to the expenses and risks.

Robertson: Direct shipment is of course preferred, but it is worth trying if transhipment via Hongkong may get the walnut meat to Europe in time. And the time of arrival is crucial.

Huang: I fully agree with you, I'll ask my shipping manager to find out about the possibility of transhipment via Hongkong.

Robertson: In this circumstance, I suggest that we note under the shipment clause: "Shipment is to be made by the first available vessel in September, with transhipment via Hongkong allowed".

Huang: Agreed.

2. Late Delivery

Mr. Stone is invited to Mr. Zhang's office to discuss the late delivery of STW equipment.

Zhang: Mr. Stone, the late delivery of STW equipment will delay the trial operation and your firm should be responsible for it.

Stone: I apologize for the late delivery, but the carrying vessel had an accident.

Zhang: What happened to the vessel, please?

Stone: The vessel loading our equipment was in collision with another ship at the port of loading and had to be put under repair.

Zhang: Was the marine accident evidenced by any authentic body?

Stone: Here's the certificate issued by the Repairer?

Zhang: I see. But, Mr. Stone, you should have let us know in time.

Stone: We did send you a fax the day the accident occurred. I'm surprised you didn't receive our notification.

Zhang: You did? But I never saw the fax.

Stone: We sent it to your agent at the destination. They're supposed to wait for the consignment at the port, aren't they?

Zhang: Well, anyway, I'm glad the misunderstanding is cleared up. I only hope to be informed in case of any such occurrence in future, so that we could take measures in time to prevent any inconvenience or loss.

Stone: I'll certainly do so. Please accept my apology for negligence on our part.

Zhang: That's all right, Mr. Stone.

第五节 出口商品保险的谈判

一、基本知识

国际货物运输保险是指国际货物买卖的当事人对货物按照一定的险别向保险公司投保并缴纳保险费,当货物在国际运输途中遭遇风险时,由保险公司向受益人赔偿因保险事故而造成的货物损失。国际货物运输保险包括海上货物运输保险、陆上货物运输保险、航空货物运输保险以及多式联运保险,这里重点介绍海上货物运输保险。

中国海洋运输货物保险条款将海洋运输货物的险别分为三种基本险、三种附加险和两种专门险。基本险,又称"主险",是指可以单独投保而不必附于其他险别项下的险别,主要承保海上风险所造成的货物损失。附加险和专门险不能单独投保,只能附加于基本险一起投保,主要承保由于外来原因所造成的损失。

基本险包括:(1) 平安险(Free from Particular Average,FPA);(2) 水渍险(With Particular Average,WPA);(3) 一切险(All Risks)。

一般附加险包括:(1) 偷窃、提货不着险(TPND);(2) 淡水、雨淋险;(3) 短量险;(4) 混杂玷污险;(5) 渗漏险;(6) 附加盗窃、抢劫险;(7) 串味险;(8) 受潮、受热险;(9) 钩损险;(10) 包装破裂险;(11) 锈损险。

特殊附加险包括:(1) 交货不到险;(2) 进口关税险;(3) 舱面险;(4) 拒

收险;(5) 黄曲霉素险;(6) 卖方利益险;(7) 战争险;(8) 罢工险。

保险责任起讫:又称"保险期限",是指保险人承担海上货物运输保险的责任期限。这包括正常情况下保险单范围内的"仓至仓"(W/W)责任,以及非正常情况下的非保险单范围内的"扩展责任"。"仓至仓"(W/W)责任是指自被保险货物运离保险单所载明的起运地仓库或储存处所开始运输时生效,包括正常运输过程中的海上、陆上、内河和驳船运输在内,直至该项货物到达保险单所载明目的地收货人的最后仓库或储存处所,或者被保险人用作分配、分派或非正常运输的其他储存处所为止。

二、保险谈判(negotiations relating to insurance)

保险谈判(一)

客人询问保险:

1. As for the insurance, I have quite a lot of things which I am still not clear about.

2. May I ask you a few questions about insurance?

3. What do your insurance clauses cover?

4. I wonder if the insurance company holds the responsibility for the loss.

5. Have you taken our insurance for us on these goods?

6. Can you tell me the difference between WPA and FPA?

7. What risks are you usually covered against?

8. Is war risk to be covered?

9. I'd like to have the insurance of the goods covered at 110% of the invoice amount.

回复保险询问:

1. There are three basic covers, namely, Free form Particular Average, with Particular Average and All Risks.

2. Ocean shipping cargo insurance is important because goods run the risk of different hazards such as fire, storm, collision, theft, leakage, explosions, etc. If the goods are insured, the exporter might get enough to make up his loss.

3. Should any damage be incurred, you may, within 60 days after the arrival of the consignment, file a claim supported by a survey report, with the insurance company at your end.

4. As a rule, we don't cover them unless you want to.

5. If more than that is asked for, the extra premium for the difference between 130% and 110% should be born by the buyer.

6. The FPA clause doesn't cover partial loss of the particular coverage, whereas the WPA clause does.

7. The extra premium involved will be on your account.

8. The insurance covers All Risks at 110% of the invoice value.

9. No, it is not necessary for the shipping line to add to the cost. Our past experience shows that All risks gives enough protection to all the shipments to your area.

10. All Risks covers all losses occurring throughout the voyage caused by accidents at sea or land. In other words, it includes FPA, WPA, and general additional risks, with special additional risks excluded.

保险谈判(二)

1. What do your insurance clauses cover?

2. There are three basic covers, namely, Free from Particular Average, With Particular Average and All Risks.

3. How long is the period from the commencement to the termination of insurance?

4. The cover shall be limited to sixty days upon discharge of the insured goods from the seagoing vessel at the final port of discharge.

5. We adopt warehouse to warehouse clause which is commonly used in international insurance.

6. For the cover of All Risks the insurance company shall be liable for total or partial loss on land or sea of the insured goods within the period covered by the insurance.

7. What's the difference between WPA. and FPA?

8. The WPA. insurance covers more risks than the FPA.

9. What is the scope of these two basic covers?

10. The scope of cover is written in the basic policy form and the clauses for different covers.

11. If we conclude the business on CIF basis, what coverage will you take out for the goods?

12. We'll only insure WPA.

13. Our prices were calculated without insurance against any extraneous risks.

14. Could you cover the Risk of Breakage for us?

15. Risk of Breakage is classified under extraneous risks.

16. We can cover the Risk of Breakage for you.

17. Who will pay the premium for the Risk of Breakage?

18. The additional premium is for the buyer's account.

19. Please also cover the Risk of Breakage for this consignment.

20. We shall cover WPA for 11070 0f the invoiced value.

21. We have concluded the business on an FOB basis, so the insurance should be effected by you.

22. What coverage will you take out?

23. We want WPA. cover this time.

24. What types of coverage does your insurance company usually underwrite?

25. Our company generally underwrites WPA.

26. Insurance to be covered by the seller for ××% of total invoice value against..., ...as per and subject to the relevant ocean marine cargo clauses of the People's Insurance Company of China, dated...

举例：

Risks Covered

Mr. Brown is asking Mr. Yu about the insurance coverage of the latter's quotation.

Brown: There's another point I'd like to clarify now. Your quotation is on CIF basis. What risks are you usually covered against?

Yu: The insurance covers All Risks at 110 percent of the invoice value.

Brown: Is War Risk to be covered?

Yu : No, it's not necessary for the shipping line to add to the cost. Our past experience shows that All Risks gives enough protection to all our shipments to your area.

Brown: You're right there. But things have changed a bit in the last weeks. Judging from the recent situation in the Middle East, I think War Risk should be covered and included in the CIF price you quote.

Yu: Additional coverage will increase the cost.

Brown: I think your CIF price should include adequate coverage against risks.

And risks mean things that may happen.

Yu: As the exporter? We have a financial interest in the goods right up to the time when payment is received. We'll surely cover the goods against risks liable to happen, but not all. No, that's not workable.

Brown: In that case, could you quote us CFR?

Yu: Well, there's only slight difference between our CIF and CFR prices for the commodity, about 0.5%.

Brown: Mm… What losses will be covered by your All Risks?

Yu: It covers all losses occuring throughout the voyage caused by accidents at sea or land. In other words, it includes FPA, WPA, and general additional risks, with special additional risks excluded.

Brown: All right. I think I'll make a CIF contract for this lot.

第六节　出口商品价格的谈判

一、基本知识

(一) 价格条款

价格条款的谈判直接关系到买卖双方的切身利益,而且与合同中的其他条款关系密切,是一项重要的谈判。在国际货物买卖合同中,一个价格条款的内容往往能确定该合同的性质,如是 CIF 合同还是 FOB 合同等,并由此可得知买卖双方各自应承担的权利、义务、风险和相关费用。

合同中的价格条款由商品的单价和总值两项基本内容构成。其中,商品的单价由四部分组成:(1) 计量单位;(2) 货币名称;(3) 单位金额;(4) 贸易术语。总值或称"总价",是单价同数量的乘积,也就是一笔交易的总金额。

在单价中,要注意计价货币的选择。在出口货物买卖中,计价货币与支付货币可能是进口国货币,也可能是出口国货币,或是第三国货币。因此,在磋商价格条款时,不论是计价货币还是支付货币,都由买卖双方协商确定。然而,国际货物买卖的交货收汇期都比较长,从订约到最后收汇往往需要一段时间。在此期间,由于各国货币之间的比价经常在变,被用来结算的各主要国家货币的币值更是严重不稳,使交易双方都面临较大的汇兑风险。因此,出口交易选择硬货币计价比较有利,而进口交易选用软货币计价比较合算,即"收硬付软"是选择计价货币的原则。

需要特别注意的是,在合同单价处,除了填写计量单位、货币名称和单位金额外,还要填写谈好的贸易术语。根据2000年版和2010年版《国际贸易术语解释通则》,适合海洋运输的主要贸易术语有三种,分别是FOB、CFR和CIF。由于我国出口货物80%以上都是采取海洋运输方式,因此这里主要介绍这三种主要贸易术语的报价方式。

(二) 三种主要的贸易术语

1. FOB(Free on Board)

如果按FOB成交,卖方要在合同规定的装运港和规定的期限内,将货物装上买方指派的船只,完成交货义务,并及时通知买方。货物在装船时越过船舷,风险即由卖方转移至买方。买方负责租船订舱,支付运费,并将船期、船名及时通知卖方。货物在装运港越过船舷后的其他责任费用都由买方承担。FOB只适用于海运和内河运输。

关于FOB装船费用的承担问题:

(1) FOB liner terms(FOB班轮条件),指装船费用按照班轮的做法办理,即由船方或者买方承担。卖方不承担装船的有关费用。

(2) FOB under tackle(FOB吊钩下交货),指卖方承担的费用截止到将货物交到买方指定船只的吊钩所在之处,而吊装入舱以及其他各项费用都由买方承担。

(3) FOB stowed(FOB理舱费在内),指卖方负责将货物装入船舱并承担包括理舱费在内的装船费用。理舱费是指货物入舱后进行安置和整理的费用。

(4) FOB trimmed(FOB平舱费在内),指卖方负责将货物装入船舱并承担包括平舱费在内的装船费用。平舱费是指对装入船舱的散装货物进行平整所需的费用。

(5) 还有的合同中表明卖方承担包括理舱费和平舱费在内的各项装船费用,常采用FOBST(FOB Stowed and Trimmed)。

2. CFR(Cost and Freight)

CFR将货物从装运港运往目的港的责任和费用改为由卖方承担。卖方要负责租船订舱,支付到指定目的港的运费,包括装船费用以及定期班轮公司可能在订约时收取的卸货费用。但是,从装运港到目的港的货运保险仍由买方负责办理,保险费由买方负责。

按照CFR条件达成的交易,卖方需要特别注意装船通知,在货物装船后必须及时向买方发出装船通知,以便买方办理投保手续。

关于CFR卸货费用的承担问题:

(1) CFR liner terme(CFR班轮条件),指卸货费按班轮做法办理,即买方不承担卸货费。

（2）CFR landed（CFR 卸至码头），指卖方承担卸货费，包括可能涉及的驳船费在内。

（3）CFR ex tackle（CFR 吊钩下交接），指卖方负责将货物从船舱吊起一直卸到吊钩所在之处（码头或驳船上）的费用。驳船不能靠岸时，驳船费用由买方承担。

（4）CFR ex ship's hold（CFR 舱底交接），指船到目的港后由买方自行启舱，并承担货物由舱底卸至码头的费用。

需要指出的是，CFR 以上的"变形"只是为了解决卸货费用的承担问题，并不改变交货地点和风险划分的界限。

3. CIF（Cost, Insurance and Freight）

CIF 是成本 + 保险费 + 运费。按 CIF 成交，卖方要负责安排从装运港至目的港的运输事项，并办理其间的货运保险。卖方在约定的装运港将货物装上事先安排的船只，并办理了出口清关手续后，即完成交货，风险亦在货物越过船舷时转移给买方。凭单交货和凭单付款是 CIF 交易的一大特点。因此，采用 CIF 成交时，装运单据具有十分重要的作用。

值得注意的是，2010 年版《国际贸易术语解释通则》取消了"船舷"的概念，不再设定"船舷"的界限，只强调卖方承担货物装上船为止的一切风险，买方承担货物自装运港装上船开始起的一切风险；强调在 FOB、CFR 和 CIF 下买卖双方的风险以货物在装运港口被装上船时为界，而不再规定一个明确的风险临界点。

二、价格谈判

议价（一）（negotiated price）

客人询价：

1. Will you please let us have an idea of your price?
2. Are the prices on the list firm offers?
3. How about the price? / How much is this?

我们报价：

1. This is our price list.
2. We don't give any commission in general.
3. What do you think of the payment terms?
4. Here are our FOB prices. All the prices in the lists are subject to our final

confirmation.

5. In general, our prices are given on a FOB basis.

6. We offer you our best prices, at which we have done a lot of business with other customers.

7. Will you please tell us the specifications, quantity and packing you want, so that we can work out the offer ASAP?

8. This is the price list, but it serves as a guide line only. Is there anything you are particularly interested in?

客人还价：

1. Is it possible that you lower the price a bit?

2. Do you think you can possibly cut down your prices by 10%?

3. Can you bring your price down a bit? Say US $20 per dozen.

4. It's too high, we have another offer for a similar one at much lower price.

5. But don't you think it's a little high?

6. Your price is too high for us to accept.

7. It would be very difficult for us to push any sales at this price.

8. If you can go a little lower, I'd be able to give you an order on the spot.

9. It is too much. Can you discount it?

拒绝还价：

1. Our price is highly competitive./ This is the lowest possible price./Our price is very reasonable.

2. Our price is competitive as compared with that in the international market.

3. To tell you the truth, we have already quoted our lowest price.

4. I can assure you that our price is the most favorable. A trial will convince you of my words.

5. The price has been cut to the limit.

6. I'm sorry. It is our rock-bottom price.

7. My offer was based on reasonable profit, not on wild speculations.

8. While we appreciate your cooperation, we regret to say that we can't reduce our price any further.

接受还价：

1. Can we each make some concession?

2. In order to conclude business, we are prepared to cut down our price

by 5%.

3. If your order is big enough, we may reconsider our price.

4. Buyer wish to buy cheap and sellers wish to sell dear. Everyone has an eye to his own benefit.

5. The price of his commodity has recently been adjusted due to advance in cost.

6. Considering our good relationship and future business, we give a 3% discount.

客人询问最小单数量：

What's minimum quantity of an order of your goods?

询问订货数量：

1. How many do you intend to order?

2. Would you give me an idea how much you wish to order from us?

3. When can we expect your confirmation of the order?

4. As our backlogs are increasing, please hasten the order.

5. Thank you for your inquiry. Would you tell us what quantity you require so that we can work out the offer?

6. We regret that the goods you inquire about are not available.

客人回答订单数量：

1. The size of our order depends greatly on the prices.

2. Well, if your order is large enough, we are ready to reduce our price by 2%.

3. If you reduce your price by 5%, we are going to order 1000 sets.

4. Considering the long-standing business relationship between us, we accept it.

5. This is a trial order, please send us 100 sets so that we may test the market. If successful, we will give you large orders in the future.

6. We have decided to place an order for your electronic weighing scale.

7. I'd like to order 600 sets.

8. We can't execute orders at your limits.

感谢下单：

1. Generally speaking, we can supply form stock.

2. I want to tell you how much I appreciate your order.

3. Thank you for your order of 100 dozen of the shirts. We assure you of a punctual execution of your order.

4. Thank you very much for your order.

客人询问交货期：

1. What about our request for the early delivery of the goods?

2. What is the earliest time when you can make delivery?

3. How long does it usually take you to make delivery?

4. When will you deliver the products to us?

5. When will the goods reach our port?

6. What about the method of delivery?

7. Will it possible for you to ship the goods before early October?

答复交货期：

1. I think we can meet your requirement.

2. I'm sorry. We can't advance the time of delivery.

3. I'm very sorry for the delay in delivery and the inconvenience It must have caused you

4. We can assure you that the shipment will be made not later than the fist half of May.

5. We will get the goods dispatched within the stipulated time.

6. The earliest delivery we can make is at the end of September.

客人要求提早交货：

1. You may know that time of delivery is a matter of great importance.

2. You know that time of delivery is very important to us. I hope you can give our request your special consideration.

3. Let's discuss the delivery date first. You offered to deliver the goods within six months after the contract signing.

4. The interval is too long. Could we expect an earlier shipment within three months?

稳住客人：

1. We shall effect shipment as soon as the goods are ready

2. We will speed up the production in order to ship your order in time.

3. If you desire earlier delivery, we can only make a partial shipment.

4. But you'd better ship the goods entirely.

5. We'll try our best. The earliest delivery we can make is in May, but I can assure you that we'll do our best to advance the shipment.

6. I'm afraid not. As you know, our manufacturers are full and we have a lot of order to fill.

7. I'll find out with our home office. We'll do our best to advance the time of delivery.

8. Thank you very much for your cooperation.

9. I believe that the products will reach you in time and in good order and hope. They will give you complete satisfaction.

议价(二)

1. Will you please let us have an idea of your price?

2. This is our latest price list.

3. Our price is highly competitive.

4. Can you tell me the prices of these goods?

5. Would you please give us an approximate idea of the quantity you require?

6. The size of our order depends greatly on your price.

7. I think it's better for you to quote us your price first.

8. I'd like to have your lowest quotation CIF San Francisco.

9. Would you please tell us the quantity you require so as to enable us to work out the offer?

10. Can you give us an indication of your price?

11. The price for this commodity is US $400 per piece CIF San Francisco.

12. Is this your CIF quotation?

13. This is our FOB quotation sheet.

14. Are the prices on the list firm offers?

15. All the quotations on the list are subject to our final confirmation.

16. I wonder whether there are any changes in your price.

17. The price for this commodity has changed somewhat compared with that of last year.

18. When can I have your CIF firm offer?

19. We can work out the offer this evening and give it to you tomorrow morning.

20. How long does your offer remain valid?

21. Our offer remains open for 3 days.

22. If your price is favourable, we can book an order right away.

23. We may reconsider our price if your order is big enough.

24. All these articles are our best selling lines.

25. These patterns are relatively popular in the international market.

议价(三)

1. It is difficult for us to sell the goods, as your price is so high.

2. It would be very difficult for us to push any sales if we buy it at this price.

3. Your price is 25% higher than that of last year.

4. You may notice that the price for this commodity has gone up since last year.

5. You know, the price for this commodity has gone up a lot in the last few months.

6. The price for this commodity is US $25 per pound in the international market.

7. Our price is reasonable as compared with that in the international market.

8. I'm afraid I don't agree with you there.

9. Your price is higher than those we got from elsewhere.

10. The Japanese quotation is lower.

11. You should take quality into consideration.

12. Taking quality into consideration, I think the price is reasonable.

13. Our products are of high quality.

14. Some countries are selling their goods at low prices in big quantities.

15. In respect to quality, I don't think that the goods of other brands can compare with ours.

16. It is no easy job for us to persuade the enduser to buy our goods at this price.

17. Our products can stand competition.

18. I don't think the enduser would accept your price.

19. If we had not thought of our good relationship, we wouldn't have made you a firm offer at this price.

20. In order to conclude the business, we may make some concessions.

21. Could you please tell us the quantity you require so that we may adjust our

price accordingly.

22. We are prepared to make a 2% reduction if your order is big enough.

23. In order to conclude the transaction, I think you should reduce your price by at least 5%.

24. We can't do more than a 2% reduction.

25. In order to conclude the transaction, we accept your price.

议价(四)

1. What do you think of our price?

2. I'm afraid your price is too high.

3. We have to readjust our price because the price of fuel is continuously going up.

4. If you have taken everything into consideration, you may find our quotation lower than these you can get elsewhere.

5. Our price is much lower than that in the international market.

6. Can you give me your idea of an appropriate price for this commodity?

7. We think an appropriate price should be around 270 Francs per ton, FOB Marseilles.

8. I'm afraid we can't accept your counter-bid.

9. Our counter-offer is in line with the price in the international market.

10. I'm sure that you know the market price for this commodity very well.

11. At present the supply of this commodity exceeds the demand.

12. If you accept our counter-bid, we'll persuade the enduser to place an order with you.

13. I'm afraid we can't reduce our price to the level you indicated.

14. I think it unwise for both of us to insist on his own price.

15. Can we each make some concession?

16. How shall we compromise?

17. Let's meet each other half-way.

18. We can only make a reduction of US $5 per ton in the price.

19. This is our lowest quotation. I'm afraid we can't go any further.

20. If you can meet our needs, we'll accept your price.

21. I'm afraid we have to call the whole deal off if you still insist on your original quotation.

22. We won't import this kind of goods unless the price is reasonable.

23. I think the business mainly depends on your price.

24. We may accept your price only if you can make an earlier shipment.

25. All right, we agree to conclude the transaction at the price of US＄500 per ton.

议价(五)——折扣(discount)

1. I'd like to discuss the matter of discount with you.

2. What would you say about the discount?

3. In principle, we usually won't allow any discount.

4. When we book such a large order with other suppliers, we usually get a 2% or 3% discount.

5. We get little profit from selling this product.

6. I'm afraid we can't allow you any more discount.

7. We've ordered such a large quantity that a discount, no matter how little, should be allowed.

8. As a rule, we won't allow any discount for this commodity.

9. How much discount do you usually allow when such a large order is placed?

10. We usually allow a 1% discount for an order of 1,000 pieces.

11. We usually get a 3% discount from the European exporters.

12. We hold that at least a 2% discount should be allowed.

13. We'll allow you a 2% discount as an exception to our usual practice.

14. We can conclude the transaction with you right away if you agree to allow us a 4% discount.

15. What do you think of a 3% discount?

16. Don't you think a 3% discount is too little?

17. A 3% discount is not a small amount.

18. We think the discount should be no less than 5%.

19. As we have quoted you our rock-bottom price, we cannot give you any more discount.

20. I'm afraid we can't come to terms if you won't give us a 3% discount.

21. We are going to give you a 3% discount if you increase your order by 6,000 pieces.

22. How much discount do you intend to allow us for this order of feather

goods?

23. We can only fellow you a 1% discount.

24. Would you consider increasing discount to open the market, as this is a new product of yours?

25. Considering this is a new product, we'll allow you another 1% discount.

议价(六)——佣金(commission)

1. Let's talk about the matter of commission, shall we?

2. What is your usual practice in giving commission?

3. Commission is usually given as a percentage of the total value of a transaction.

4. We are very much concerned about commission.

5. We usually don't allow any commission.

6. It does not conform with the international trade practice not to allow a commission.

7. We do business on a commission basis.

8. I believe that a commission is usually allowed for a middleman.

9. Since we have made concession in price, we cannot give you any commission.

10. It will be easier for us to push the sale if you can give us more commission.

11. It'll be all right, oven if you give us a 2% or 3% commission.

12. We'll take the commission into consideration if your order is big enough.

13. How much commission will you give if the transaction is over US $1,000,000?

14. Taking into consideration the quantity you have ordered, we'll allow you a 1% commission.

15. We usually get a 3% commission on the total volume of business.

16. A 10% commission will no doubt cause the price to go up.

17. How much commission will you give?

18. We'll give you a 2% commission.

19. A 2% commission is not high at all.

20. It'll cost us a lot to push the sale of your product.

21. We'll give a 2% commission as an exception. This is the best we can do.

22. The commission you gave is too little.

23. We've accommodated you in allowing a 2% commission.

24. I suggest that you add 1% to the commission for each additional 100 pieces sold.

25. For every extra sale of 100 pieces, we'll give you an additional 1% commission.

举例:

A New Offer

Mr. Grant is at Mr. Hu's office, discussing the offer made by the latter.

Grant: I have studied your offer carefully and consulted our home office. We find your price 5 percent higher than those offered by other suppliers.

Hu: I'm sure you know full well that in our product there are natural herb ingredients. This, of course, adds to the cost but makes the quality much superior.

Grant: I agree with you there. But, 5 percent is too big a difference. There is acute competition on the world market, and we need to do some sales promotion for this new type.

Hu: We are ready to give you a 2 percent discount for orders exceeding 10,000 bottles.

Grant: To help us develop a new market for your products, can't you cut your price by 4 percent? That will make your product more competitive.

Hu: I'm afraid we can't. A 2 percent cut is really the best we can do.

Grant: I see. Well, Mr. Hu, one more question. Does this price include seaworthy packing?

Hu: The outer packing is for container transportation, as this is the usual practice.

Grant: How long will this offer be kept open?

Hu: We give you 48 hours.

Grant: That means the offer will remain open until 10:00 a.m., June 5, Beijing time.

Hu: Exactly.

Grant: I'll fax this new offer home and try to persuade them to accept the price with a 2 percent discount. As it is very convenient for us to arrange container shipment at our end, could you also make us an offer on FOB basis for the same quality and quantity?

Hu: I can let you have it right away. That will be US $10.10 per dozen FOB Shanghai.

第七节　出口商品支付方式的谈判

一、基本知识

(一) 票据

票据是指由出票人签发的,由自己或他人无条件支付一定金额的书面凭证,是一种可以流通的有价证券。我国《票据法》将票据分为汇票、本票、支票三种。其中,汇票(draft (s)、bill of exchange)是出票人签发的,委托付款人在见票时或在指定日期无条件支付确定的金额给收款人或者持票人的票据。在当代的国际贸易结算中,当事人通常是以汇票作为支付工具,而通过银行进行非现金结算。票据的作用主要包括结算、提供信用和流通转让。

(二) 付款方式

1. 汇款(remittance)

汇款是由汇款人委托银行,将款项汇给收款人的一种结算方式,其主要形式是电汇(telegraphic transfer, T/T)。电汇是汇出行根据汇款人申请,拍发加押电传或电报给其国外的汇入行,指示其解付一定金额给收款人的结算方式。

2. 托收(collection)

托收是出口商(或债权人)开立金融票据、商业单据或两者兼有,委托托收行通过其联行或代理行向进口商(或债务人)收取货款或劳务费用的结算方式。其中,金融票据是指汇票、本票、支票、付款收据等工具,商业单据主要是指商业发票、运输单据、所有权单据或其他类似单据。

托收有两种方式:

(1) 付款交单(documents against payment, D/P),是指代收行必须在进口商付清票款后,才能将货运单据交给进口商的一种交单方式。付款交单又有即期付款交单(D/P at sight)和远期付款交单(D/P at ×× days after sight)两种。即期付款交单是代收行提示跟单汇票给付款人要求其付款,而付款人见票即付后,代收行才能交单给付款人的一种交单方式。远期付款交单是指代收行提示跟单汇票给付款人,要求其承兑,付款人承兑后由代收行保管全套商业单据,于到期日提示付款,付款人付款后代收行才交单给付款人的一种交单方式。

(2) 承兑交单(documents against acceptance, D/A),是指代收行在付款人承

兑远期汇票后,把货运单据交给付款人,于汇票到期日由付款人付款的一种交单方式。

3. 跟单信用证(documentary letter of credit,L/C)

跟单信用证简称"信用证",是开证银行根据申请人的要求和指示,向受益人开立的、不可撤销的、有一定金额的、在一定期限内,凭符合规定的单据,在指定的地点支付(即付款、承兑或议付汇票)的书面保证。

信用证具有以下四个特点:

(1) 信用证是不可撤销的。所有信用证无论其名称如何、形式和内容描述如何,在信用证的有效期内,未经开证行、保兑行(如有)和受益人的一致同意,是不可单方面撤销的。

(2) 当相符交单时,信用证的开证行或保兑行(如有)应独立地履行其首先付款的承诺,不应受到其他当事人的干扰。信用证是开证行有条件的付款承诺。只要条件已经兑现,即所提示的单据相符交单,开证行或保兑行(如有)首先承担付款的责任。无论是议付行、付款行、承兑行还是受益人本人向开证行或保兑行(如有)交单,抑或开证申请人是否有付款的意愿或者能力,开证行或保兑行(如有)都必须履行其付款承诺。信用证体现了银行信用。

(3) 信用证是自足文件,具有独立性。信用证开立的基础首先是进出口双方所签订的销售合约,其次是进口商与开证行之间的开证申请书。开证行在此基础上向受益人开立信用证。但是,这些文件是相互独立的。《跟单信用证统一惯例》(UCP600)指出:"就其性质而言,信用证与可能作为其开立基础的销售合同或其他合同是相互独立的交易,即使信用证中含有对此类合同的任何援引,银行也与该合同无关,且不受其约束。"因此,开证行只对信用证负责。只要信用证项下付款的依据已经成立,开证行就必须履行付款的义务,而无须过问销售合同的履行状况。

(4) 信用证业务处理的对象是单据

UCP600 第 5 条规定:"银行处理的是单据,而不是单据可能涉及的货物、服务或履约行为。"信用证业务是关于单据而不是货物的买卖,对货物的真假、质量优劣、是否确实已装船、是否抵达目的港等概不负责。因此,银行对单据的准确性、真伪性不承担责任。若任何单据中有关货物的描述、数量、种类、质量、包装等不真实,只要单据内容符合信用证规定,银行也必须付款而不承担任何责任。

二、付款方式谈判用语

付款方式(terms of payment)(一)

客人询问付款方式:

1. Shall we discuss the terms of payment?
2. What is your regular practice about terms of payment?
3. What are your terms of payment?
4. How are we going to arrange payment?

回复询问付款方式:

1. We'd like you to pay us by L/C.
2. We always require L/C for our exports and we pay by L/C for our imports as well.
3. We insist on full payment.
4. We ask for a 30 percent down payment.
5. We expect payment in advance on first orders.

客人建议付款方式:

1. We hope you will accept D/P payments terms.
2. In view of this order of small quantity, we propose payment by D/P with collection through a band so as to simplify the payment procedure.
3. Payment by L/C is the safest method, but rather complicated.

礼貌拒绝客人:

1. I'm sorry. We can't accept D/P or D/A. We insist on payment by L/C, but...
2. I'm afraid we must insist on our usual payment terms.
3. "Payment by installments" is not the usual practice in world trade.
4. It is difficult for us to accept your suggestion.

接受客人付款方式:

1. In view of our long friendly relations and the efforts you have made in pushing the sales, we agree to change the terms of payment from L/C at sight to D/P at sight; however, this should not be taken as a precedent.
2. I have no alternative but to accept your terms of payment.

付款方式(二)

1. What do you think of the terms of payment?

2. We hope you will accept D/P payment terms.

3. We are thinking of payment by D/A.

4. It's very difficult for us to accept your suggestion.

5. What is your regular practice about terms of payment?

6. We usually accept payment by irrevocable L/C payable against shipping documents.

7. To open an L/C for such a large order as US $50,000,000 is costly. It'll cause us a great deal of difficulty.

8. I wonder if you will accept D/P?

9. For large orders, we insist on payment by L/C.

10. To open an L/C will add to the cost of our imports.

11. An irrevocable L/C gives your exports the protection of a banker's guarantee.

12. How about 50% by L/C and the rest by D/P?

13. We insist on payment by L/C.

14. We will open an L/C if you promise to effect shipment one month earlier.

15. Your L/C must reach us 30 days before delivery.

16. The L/C should be opened by the buyer 15 to 20 days before delivery.

17. It'll be easier for us to make the necessary arrangement if your L/C can reach us 15 to 30 days before delivery.

18. L/C remains valid until the 15th day after shipment.

19. Please indicate that the L/C is negotiable in our country.

20. Can we pay for our imports in RMB?

21. We would prefer you to pay for your imports in US dollars.

22. I would very much appreciate it if you could take our suggestion into consideration.

23. Many banks in Europe now carry accounts with the Bank of China, Beijing.

24. The Bank of China, London can open an L/C in RMB for you against our sales confirmation.

25. I'll set about opening an L/C as soon as I arrive home.

26. The buyers shall pay 30% of the sales proceeds by telegraphic transfer. The remaining part will be paid to the sellers within 5 days after receipt of the fax con-

cerning original B/L by the buyers.

27. The buyers shall duly accept the documentary draft drawn by the sellers at 90 days' sight upon first presentation and make payment on it's maturity. The shipping documents are to be delivered against acceptance.

28. By confirmed L/C for 100% invoice value available by sight draft, the L/C is to reach sellers not later than May 20.

付款方式(三)

1. We would like to adopt the terms of "payment by instalments" for our present transaction.

2. "Payment by instalments" is one of the terms of payment that has been accepted and very often used by several of our sellers abroad.

3. We adopt "payment by instalments" for some special import items.

4. With an eye to future business, we'll accept "payment by instalments" this time.

5. Would you explain specifically your proposition about the terms of payment?

6. The total value of your order amounts to US $50,000.

7. The goods will be shipped to China in five different lots within five years.

8. I propose issuing a time draft for US $50,000 covering the value of the first partial shipment.

9. When will this time draft fall due?

10. This time draft will fall due on 20th September, 1980.

11. You are kindly requested to "accept" this draft by signing on the back.

12. The time draft is to be countersigned by the Bank of China, Beijing, certifying that your signature is true and valid.

13. This time draft represents the first instalment and should be given to us upon the signing of the contract.

14. With this time draft in our possession, we'll be in a position to arrange for a loan from our state bank.

15. We'll honour our draft when it becomes due, only if all contract stipulations have been duly implemented by you.

16. Our corporation always strictly carries out the contracts which it has entered into with foreign buyers and sellers.

17. We'll fulfill all the contract stipulations.

18. The time draft will be sent to you for your acceptance within a couple of days.

19. That's for the first instalment.

20. This same method applies to all the other three shipments.

21. We'll produce a Letter of Guarantee issued by our bank, the Bank of China, Beijing, guaranteeing our payment of instalments when our accepted time drafts become due, on the condition that the quality and specifications of the machines to be delivered by you are strictly in conformity with the contract stipulations.

22. You should produce a similar Letter of Guarantee signed by two banks jointly.

23. I've already made arrangement with our bankers about the Letter of Guarantee and we can produce it at any time.

24. We hope our investment can be recouped safely and quickly.

25. Please rest assured that the repayment is ensured.

举例：

Mr. Pidd is negotiating a second contract with Mr. Ma, trying to get more favourable payment terms.

Pidd: Well, Mr. Ma, I think we have come quite a long way. Now, shall we go on to discuss the terms of payment?

Ma: Yes, let's do it. What do you say to our old terms, confirmed and irrevocable L/C?

Pidd: After our large purchase a year ago, I suppose you know our financial standing well now. There's no point to continue to seek confirmation by a third bank and add to our cost.

Ma: I agree to leave out the word "confirmed" in the payment clause, now that we know an enterprise of your standing will never default.

Pidd: Thank you. Let's just cross out the word "confirmed" from the clause.

Ma : Another question in this connection, Mr. Pidd. As the manufacture of the equipment involves sums of money to be advanced, we have to ask for payment by L/C payable at sight.

Pidd: We can agree to payment by L/C, but as this is the first time we have ever ordered your freezers, the users demand that 90 percent of the credit amount be paid at sight, with the remaining 10 percent to be paid after satisfactory trial run of the machine.

Ma: I'm afraid that is not acceptable. We've never done business on such terms. As an alternative, what do you say to our sending a technician to ensure proper operation of the machine after arrival?

Pidd: Well, if you will send a technician to help install the machine, to ensure proper operation and to offer after sale service, we agree to make full payment by L/C at sight.

Ma: I'm glad we've come to full agreement again.

第八节 合同违约与索赔的谈判

一、基本知识

国际货物买卖的显著特点是：包含的环节多，涉及面广，履约时间长；在生产、收购、运输、资金移动的任何环节出现差错都可能给买卖双方执行合同带来影响。在履行合同的过程中，大多数的买卖双方都愿信守合同平安交易，以便日后的业务往来。但是，事实上，经常会发生品质不符、数量短缺、不按期交货或其他客观因素导致的损害，以致其中一方遭受损失。这就必然会引起一方向另一方索取赔偿的行为。

（一）索赔案件发生的原因

在实践中，索赔案件的发生，大多是由于以下原因引起的：

1. 卖方违约

卖方常见的违约行为有：

（1）不按合同规定的装运条件装货；

（2）装船数量不符合规定；

（3）交货品质不符；

（4）包装不符或包装不良（即包装与合同不符，或包装不适合海洋运输）；

（5）其他，如发货时错发错运、在 CFR 或 CIF 合同下没有及时发出装船通知、倒签提单等。

2. 买方违约

买方常见的违约行为有：

（1）在 FOB 合同下不按期派船或不派船；

（2）在信用证下，不开证或不按期开证，或者不按合同规定开证而又拒不改证；

(3) 不按期赎单或不赎单收货(托收);

(4) 托收条件下,未办妥许可证或有关进口手续,致使货物不能进入进口国。

(二) 索赔与理赔

索赔,是指合同一方当事人因另一方当事人违约使其遭受损失而向对方提出要求损害赔偿的行为。理赔,是指一方对于对方提出的索赔进行处理。因此,索赔与理赔是一个问题的两个方面。进口商品到货后,进口商如发现商品品质、数量、包装等不符合合同规定的情况,应及时委请商检部门对进口货物进行检验、鉴定,出具商检证书,在弄清事实、分清责任归属的基础上,向有关责任方提出索赔。

(三) 索赔条款

国际货物买卖合同中的索赔条款可根据不同的业务需要作不同的规定,通常采用的有异议与索赔条款、罚金条款两种。

1. 异议与索赔条款(discrepancy and claim clause)

异议与索赔条款一般是针对卖方交货质量、数量或包装不符合同规定而订立的,主要内容包括索赔依据、索赔期限等。有的合同还规定索赔金额和索赔方法。

(1) 索赔依据

索赔依据条款主要规定索赔时必须具备的证明文件以及出证的机构。索赔依据包括法律依据和事实依据两个方面,前者是指买卖合同和有关国家的法律规定,后者是指违约的事实真相及其书面证明。如果证据不全、不清,出证机构不符合要求,都可能遭到对方拒赔。

(2) 索赔期限

索赔期限是指受损害一方有权向违约方提出索赔的期限。按照法律和国际惯例,受损害一方只能在一定的索赔期限内提出索赔,否则即丧失索赔权利。

索赔期限有约定的索赔期限与法定的索赔期限之分。约定的索赔期限是指买卖双方在合同中明确规定的索赔期限。法定索赔期限是指根据有关法律或国际公约,受损害一方有权向违约方要求损害赔偿的期限。约定索赔期限的长短,需视货物的性质、运输、检验的繁简等情况而定。

我国进出口合同中通常有两种规定办法:第一,"货物运抵目的港后××天内"或"货物到达目的港/地卸离海轮或运输工具后××天内";第二,索赔期限的长短视货物的具体情况而定。例如,根据是否较易变质和需要检验时间的长短而定,索赔期限为 20 天、60 天、90 天、120 天,甚至更长。有的机器设备需要安装试车或规定有试用期的,该试车试用期即为索赔通知期限。以上两种约定期限中,后者较为合理,因为所谓"货物运抵目的港"的要领较为笼统,如承运船舶抵达目的港因港口拥挤,无法立即卸货,就无形中缩短了索赔通知期限。有时甚至在限期内无法进行检验,以致有丧失索赔权利的可能。

2. 罚金条款(penalty)

罚金条款亦称"违约金条款",主要规定一方未按合同规定履行其义务时,应向对方支付一定数额的约定罚金,以补偿对方的损失。罚金条款一般适用于一方当事人延迟履约,如卖方延期交货、买方延期接货或延迟开立信用证等违约行为。

(四) 不可抗力条款

不可抗力(force majeure),是指买卖合同签订后,不是由于当事人一方的过失或故意,发生了当事人在订立合同时不能预见的、对其发生和后果不能避免并且不能克服的事件,以致不能履行合同或不能如期履行合同。遭受不可抗力事件的一方可以据此免除履行合同的责任或推迟履行合同,对方无权要求赔偿。

二、索赔(claim for compensation)

1. Sixty cases of strawberries were seriously damaged.

2. Out of the sixty cases, about 50% were found leaking.

3. There is a difference of 35 tons between the actual landed weight and the invoiced weight of this consignment.

4. This shipment was not up to your own standard.

5. I'd like to talk with you about the quality of 300 cartons of dried mushrooms.

6. The medical officer of health has issued a "Stop Notice" on them.

7. We are lodging a claim for inferior quality.

8. Have you any evidence?

9. We hope you can show us the certificate issued by the Health Office.

10. Here's a survey report issued by a well known public surveyor in London.

11. The goods were inspected by the China Commodity Inspection Bureau before shipment.

12. Could you tell us the exact cause of the inferior quality of the goods?

13. The damage may be caused by many factors.

14. I wonder if the damage was caused during transit?

15. The damage did not occur during transit.

16. The damage was caused by rough handling when the goods were being loaded on board ship at the dock.

17. We must lodge a claim with you.

18. We are not responsible for any damage which happened during transit.

19. You should be responsible for the loss.

20. We cannot entertain your claim.

21. Your claim should be referred to the insurance company.

22. We hope you will effect a full settlement of our claim.

23. Your claim for shortage of weight amounts to 84.82 M/T in all.

24. In view of our friendly lousiness relations, we are prepared to meet your claim for the 35 M/T short-weight.

25. Your proposal is reasonable. We can accept it.

26. Should the buyer fail to perform any of his obligation stipulated in this contract, the seller shall have the right to terminate all or any part of this contract or to postpone shipment or to stop delivery of the goods in transit. In any of such cases, the buyer shall be liable for all damage and expense the seller has sustained there from.

27. Any claim by the buyers regarding the goods shipped shall be filed within × × days after arrival of the goods at the port of destination specified in the relative bill of Lading and supported by a survey report issued by a surveyor approved by the sellers.

28. Unless caused by the force majeure specified in clause × × of this contract, in case of delayed delivery, the sellers shall pay to the buyers for every five days of delay a penalty amounting to 0.3% of the total value of the goods whose delivery has been delayed. Any fraction part of a five days is to be considered a full week. The total amount of penalty shall not, however, exceed 5% of the total value of the goods involved in late delivery and is to be deducted from the amount due to the sellers by the paying bank at the time of negotiation, or by the buyers direct at the time of payment. In case the period of delay exceeds 50 days later than the time of shipment as stipulated in the contract, the buyers have the right to terminate this contract, but the sellers shall not thereby be exempted from payment of penalty.

举例：

Mr. Fitch came to Mrs. Zhao's office.

Zhao: Good afternoon, Mr. Fitch. Any news about the rusty instruments?

Fitch: Well, I have come just for this. Our manufacturers were really distressed to learn that matter which had caused you so much inconvenience. They asked me to convey to you their sincere apologies and promise to replace these instruments by new ones.

Zhao: Thank you very much for your efforts. How soon can we expect to have the replacements delivered?

Fitch: My home office has told me that they will be shipped by the cargo ship " Shining" which is due in Shanghai by the end of March. I hope this will meet your wishes.

Zhao: Good. Now, how about the faulty ones?

Fitch: Our manufacturers want to have them returned for examination. As such irregularities have seldom happened before, they want to go into the matter thoroughly so that they can take measures to prevent similar mishaps in the future. Of course, we'll pay all the shipping expenses.

Zhao: I'm glad to hear that they take the quality of their products so seriously. Now, if there is anything we can help in returning the instruments, please don't hesitate to let us know.

Fitch: On second thoughts, I think you are right. There is no point in returning the whole lot of defective instruments just for the sake of checking up. Suppose we take back some of the worst ones and leave the others at your disposal.

Zhao: Well, there might be a chance that our workers may find a way to put them back in good shape. If they can, the instruments will come in handy as spares. But this is strictly experimental. We shall do it only if you allow us a substantial reduction in cost.

Fitch: In this case, we shall charge you for the cost of the material only.

Zhao: Fair enough. We'll ask our end-users to pick out the instruments in the worst condition and send them to the shipping point for steamer "Shining" so as to pick them up when she arrives.

Fitch: Thank you for your cooperation. I'll let you know the cost of the reject in a day or two.

Zhao: We are glad we have settled the claim in such a friendly way. We appreciate indeed your kind assistance.

Fitch: I do hope this minor incident will not prevent you from placing further orders in future.

第九节　出口商品买卖合同的签订

一、基本知识

(一) 交易谈判合同订立的一般程序

交易谈判合同订立可分为询盘、发盘、还盘、接受、签订合同五个环节。其中,不可缺少的是发盘和接受这两个主要环节,也是合同成立的要件。在实际工作中,为了避免此后解决合同纠纷缺少证据的局面发生,国际、国内的买卖一般在协议达成后都会签一份书面的正式合同。

(二) 合同的成立

合同成立,是指订约当事人就合同的主要条款达成合意,即双方当事人意思表示一致。在国际贸易实务中,买卖双方经过交易磋商,一方的发盘或还盘被对方有效地接受后,就算达成了交易,双方之间就建立了合同关系。买卖双方一般采用书面形式将双方的权利和义务规定下来,以便于执行。这就是所谓签订合同,又称为"签单"。

(三) 合同的生效

合同生效,是指已成立的合同在当事人之间产生了一定的法律拘束力或称"法律效力"。合同的成立与生效既有联系又有区别。一般来讲,合同生效的起始时间不能脱离合同成立的时间而独立确定。在绝大多数情况下,合同成立的时间就是合同生效的时间。

(四) 国际货物买卖合同的概念和主要形式

国际货物买卖合同,是指营业地处于不同国家的当事人之间所订立的货物买卖合同。其主要特点是具有涉外性质。因此,它的判断标准是双方当事人所在的营业地,而非他们的国籍。即使双方当事人具有相同的国籍,如果他们的营业地分处不同的国家,那么他们之间订立的合同是国际货物买卖合同;反之,尽管他们的国籍不同,也仍是国内货物买卖合同。

国际贸易中,买卖双方使用的货物买卖合同的形式及名称没有特定限制。只要双方当事人同意,可采用正式的合同(contract)、确认书(confirmation),也可采用协议（agreement）、备忘录（memorandum）、意向书（letter of intent）、订单（order、indent）等各种形式，甚至可以采取口头形式。我国对外贸易中，主要使用书面合同和确认书。

1. 合同

买卖合同是交易中一种非常正式的货物买卖协议。它的内容比较全面、详细，除了交易的主要条件如品名、品质、数量、包装、价格、交货、支付外，还有保险、商品检验、索赔、不可抗力、仲裁等条件。交易中，由卖方根据磋商结果草拟的称"销售合同"（sales contract），由买方根据协商条件拟订的称"购货合同"（purchase contract）。

2. 确认书

确认书是一种内容比较简单的贸易合同。它与合同相比，仅包括买卖交易的主要条件，而不包括买卖交易的一般条件。其中，卖方出具的称"销售确认书"，买方出具的称"购货确认书"。

（五）格式合同

格式合同在国际贸易中的使用非常广泛，它通常是由某个国际民间组织或国际行业性协会根据多年的习惯与经验拟订，已事先规定好双方的权利和义务，其内容来源于经常性的国际贸易活动，由于固定的格式而得名。

1. 格式合同的作用

（1）专门性。格式合同根据所涉及的标的货物不同而分为许多种类，如谷物买卖合同、机械设备买卖合同等。其内容反映了各种商品在国际货物贸易中的特点，以及当事人特殊的权利和义务，具有特殊性。使用格式合同可以减少当事人由于对商品的特性不了解或对法律条文的生疏而造成的争议或损失，从而有利于国际贸易的顺利进行。

（2）简便性。格式合同已经预先规定好了当事人的各项权利和义务，给当事人提供了谈判的基础，因而大大简化了谈判的程序，缩短了谈判的时间，从而可以为双方当事人争取更多的商业机会。

2. 格式合同的性质

格式合同就本质而言，只是国际贸易的一方当事人为了简化谈判、签约的过程而提供给对方的建议性合同文本，在双方当事人正式签字之前不是真正的合同，不具有法律上的约束力。因此，双方当事人经过协商可以对格式合同中的条款进行修改或补充。只有双方当事人达成一致，填写了相关的空白栏目并签字盖章后，格式合同才最终成为一个正式的合同文本。

二、口头协议的洽谈

1. When can we have the contract?

2. We'll have the contract ready in a couple of days.

3. Can you speed it up and let us have it today?

4. In case we can't get the contract ready by tomorrow afternoon, we'll send it to you by mail for your signature.

5. Here is our contract. Would you read it carefully again?

6. We think all the terms should meet with common agreement.

7. Do you have any comment to make about this clause?

8. We have no questions about the terms.

9. Don't you think we should add this sentence here?

10. If one side fails to honour the contract, the other side is entitled to cancel it.

11. Have you any more questions?

12. It contains basically all we have agreed upon during our negotiation.

13. Please check all the terms listed in the contract and see if there is anything not in conformity with the terms we agreed on.

14. I agree to the terms concerning the packing and shipping marks.

15. Have you any questions about this stipulation?

16. We have reached an agreement on all the terms.

17. Let me check my notes.

18. When can the contract be ready for signature?

19. We hope to be able to sign the contract by next Monday.

20. Have you got a contract in French?

21. Yes, we have. Here it is. Please have a look.

22. Will you sign the contract now?

23. Please sign your name here.

24. This copy is for you.

25. Let's congratulate ourselves that this transaction has been brought to a successful conclusion.

三、函电协议的洽谈

Inquiry 询盘（一）

Aug. 18, 2008

The Middle Jeans Co. Ltd.,
Lincoln, Arthur,
America,

Dear Export Department,

We learn from the America Embassy that you are producing for export male and female jeans in pure cotton and other natural materials.

There is a steady demand here for high-class goods of this type, especially in the dark colors. Sales are not high, but a good price can be obtained for fashionable designs.

Will you please send us your catalog and full details of your export prices and terms of payment, together with any samples you can let us have?

We look forward to hearing from you.

Sincerely,

参考译文

致：美国中部林肯·阿瑟牛仔有限公司
尊敬的出口部负责人：

我们从美国大使馆获悉贵公司正在生产纯棉和其他天然布料的外贸男女牛仔服。

我们这里对此类高档货物有稳定的需求，特别是深色牛仔系列。尽管销售量不是很大，但如果款式新颖，价格还是很不错的。

请函寄贵方产品目录以及出口价目和支付条款详细资料，同时希望见到相关样品。

期盼您的回复。

谨上
2008 年 8 月 18 日

Inquiry 询盘（二）

Jan. 18, 2009

Dear Sirs,

We are a leading dealer in waterproof garments in this city. Our customers have expressed interest in your raincoats and enquired about their quality.

Provided quality and price are satisfactory, there are prospects of good sales here. But before placing a firm order, we should be glad if you would send us, on fourteen day's approval, a selection of men's and women's raincoats. Any of the items unsold at the end of the period, and which we decide not to keep as stock, would be returned at our expense.

We look forward to hearing from you soon.

Sincerely,

参考译文

敬启者：

我们是本市一家经销防水衣的主要商号。我们的顾客对贵公司生产的雨衣有兴趣，并曾询问过它们的品质。

若质量和价格适宜，你们的雨衣在这里会有较好的销量。但是，在正式下订单之前，我们希望先试销。如果你们能选一批男式、女式雨衣寄来，并同意给我们14天的试销期，我们将会感到很高兴。在此期限结束时，任何未销出而我们又不准备库存的产品将退还给你们，退货费用由我方负担。

盼早日赐复。

谨上
2009 年 1 月 18 日

Offer 发盘

Feb. 28, 2008

Re: MD Air-Conditions

Dear Sirs,

Your fax of February 26 asking us to offer you the subject article has received our high attention. We are pleased to know that you are interested in our products.

In reply to your inquiry, we take pleasure in making you an offer as follows:

Specification:	Quantity (set):	Price: (US $)
KFR-35GW/CY	1,000	460.00
KFR-33GW/CY	1,000	420.00
KFR-28GW/CY	600	412.00

The price is on the basis of CIF Alexandria.

Packing: At buyer's option.

Shipment: Total quantity to be delivered by 3 equal monthly shipments, March through May, 2008.

Payment: 100% by irrevocable, revolving letter of credit.

We have sent all the samples. You will find that the price of these articles is much cheaper than that of the same products from the others in the markets. If you store a lot, you can surely make profit.

In fact that our stock on hand has been quite low owing to heavy commitment, your early order is absolutely essential.

Yours faithfully,

参考译文

回复:美的空调

敬启者:

贵方2月26日关于本公司空调的询价传真已收悉,并引起了我方高度重视。我们很高兴贵方对我们的产品感兴趣。

对你方的询盘,我方作出以下报盘:

规格:	数量(台):	价格(美元):
KFR-35GW/CY	1,000	460.00
KFR-33GW/CY	1,000	420.00
KFR-28GW/CY	600	412.00

以亚历山大CIF价为准。

包装:按顾客要求。

装运:全部货物从2008年3月到5月,分三批交货,每月一批。

付款条件:百分之百不可撤销的循环信用证。

本公司今日已将全部样品寄出,贵公司会发现这些产品的价格优于市场上任何同类产品,如贵公司大量储存,定能获利。

由于承量较大,我方存货已不多,请务必提早下订单,为谢!

谨上

2008年2月28日

Counter-offer 还盘

Jun. 5, 2009

Re: Rongsheng Refrigerators

Dear Sirs,

We have just received your offer No. 139 offering us 3,000 sets for three designs of the subject goods.

We regret to inform you that our clients find your price too high. Someinformation shows that some kinds of the products made in other countries have been sold here at a level about 5% lower than that of yours. Though the quality of your products is slightly better, the difference in price should, in no case, be so big. To step up the trade, we counter-offer as follows:

US $420.00 for BCD-211 W/HM
US $380.00 for BCD-190 W/HM
US $395.00 for BCD-210 W/HM

As the market is of keen competition, we recommend your immediate acceptance.

Yours faithfully,

参考译文

事由：容声冰箱

敬启者：

贵方有关本公司三款3,000台冰箱报盘号为139的报价函已收悉，谢谢。

我们遗憾地通知贵方，我们的客户反映你们的价格太高。有信息显示，在其他国家生产的这类产品在我们这里的售价要比你们低5%。尽管你们的产品确实在质量上略胜一筹，但价差太大。为促成此笔交易，我方作出以下还盘：

US $420.00 for BCD-211W/HM
US $380.00 for BCD-190W/HM
US $395.00 for BCD-210W/HM

鉴于市场竞争激烈，建议贵方尽早接受我方还盘。

谨上
2009年6月5日

Accept 接受

Dec. 12, 2008

Dear Sirs,

We were very pleased to receive your order No. 159 for woman coats. We accordingly accept the order and shall arrange delivery as soon as possible. We believe that you will be satisfied with our goods when you receive them.

Considering that you may not be aware of the wide range of goods we deal with, here we are enclosing a copy of our new catalog. We hope that our first cooperation will lead to further business between us and mark the beginning of a happy working relationship.

Yours faithfully,

参考译文

敬启者：

很高兴收到你方第 159 号关于女式外衣的订单。我们接受这项订单，并且会尽快安排交货。我们相信你方将对我们提供的货物感到满意。

考虑到也许贵公司对我们所经营的产品宽广的范围不是很了解，我们在此附一份我公司最新的产品目录。希望我们的第一次合作圆满成功，并有一个良好的开端。

谨上
2008 年 12 月 12 日

举例：

Yuan Lin sends the contract to the hotel for Mr. Brandon to look over. They check all the terms and conditions in the contract.

Yuan: Here is our contract. Please go through it and see if everything is all right. We think all the terms should be met with unanimous agreement.

Brandon: Good. I'll read it over and consider it. Don't you think we should insert this sentence here? That is, "If one side fails to observe the contract, the other side is entitled to cancel it."

Yuan: That is a good point. Do you have any comment to make on this clause?

Brandon: I think this clause suits us well, but the time of payment should be prolonged, to say, three or four months.

Yuan: We are accustomed to payment within two months, but for the sake of friendship, let's fix it at three months.

Brandon: Thank you. No wonder everyone speaks highly of your commercial integrity.

Yuan: One of our principles is that contracts are honored and commercial integrity is maintained. Is there anything else you want to bring up for discussion?

Brandon: There is still a minor point to be cleared up. Yesterday you said that you sell on the basis of shipped quality, quantity and weight, didn't you?

Yuan: Yes, we did. The goods will be inspected by the China Commodity Inspection Bureau. It will then insure a certificate of quality and a certificate of weight. This certificate will be taken as final basis and binding.

Brandon: But what shall we do if the goods are found disqualified or short on arrival?

Yuan: I assure you that this is not likely to happen. Our goods must be up to export standards before the Inspection Bureau allows them to pass.

Brandon: I know your products have a good reputation. But what if this were to happen despite this?

Yuan: In that case, I don't think the responsibility should rest with us. It is likely that the goods were spoiled or weight became short during transit. We are not responsible for any damage during transit. A claim would then be lodged with the insurance company.

Brandon: What you said seems reasonable.

Yuan: Have you any more questions?

Brandon: No. When shall we sign the contract?

Yuan: Since there are only some minor changes, I'll have the contract ready in a moment.

Brandon: Take your time.

(After a while)

Yuan: Here is the modified contract. Would you like to take one more look before you sign?

Brandon: Yes, thanks. (Going through the contract) I think everything in the contract is quite clearly stated.

Yuan: Then, shall we sign the contract now?

Brandon: Yes, I've been looking forward to this moment.

Yuan: After you. Please sign your name here, here and here.

Brandon: Thank you.

Yuan: Now each of us has two original copies of the contract, one is in Chinese and the other is in English. You may keep these two copies.

Brandon: Thank you very much. I hope everything will go smoothly during the execution of the contract.

Yuan: I'm sure it will.

练习与实训

有关第二节

1. Translate the following sentences into English with the reference to the sorting-out.

（1）40000盒巧克力远远不够。你能再给我方增加5000盒吗？

（2）如果你方给我们提供的货物质量上乘、价格合理，那么我方将订购5万箱。

（3）我必须强调，我方的订货以你方的质量保证为条件。

（4）因为其他买方的大量预订，我方暂时不能提供你方要求的数量。

（5）我方的电动车在轻便、高速和耐用等方面无可指责。

（6）我方的工具质量高，经过5年的连续使用，没有损坏的迹象。

（7）这项对我方产品在你方市场上销售情况的调查将会使你相信其优越的质量。

（8）如果你能把起订量增加到7万箱，我方有可能降价。

（9）你方的样品质量一流，因此我想在推销你方产品方面不会有太多问题。

（10）我们高兴地通知你，与其他供货商相比，你方产品的质量较好，因此我方决定向你方定期订货。

2. Translate the following sentences into Chinese with the reference to the sorting-out.

（1）Our cotton shirts have no rival in quality and color. No other suppliers can touch us in this point.

（2）We're satisfied with the quality of your samples and I'm positive that your commodity will find a ready market in our country.

（3）If your prices are reasonable and you order satisfactory quantities, we'll place a substantial order.

（4）In view of the excellent quality of your products, we are going to make orders in large quantities.

（5）I believe that the high quality and low price of our commodity will attract you to place a trial orders.

（6）If you can increase your quantity to 400,000 pieces, we may consider giving you 5% discount.

(7) Because of the recent heavy inflow of orders, our supply position is very stringent. But we will do our utmost to satisfy your requirements of quantity.

(8) We believe that the superior quality and competitive price of our products will please your customers.

(9) We want to order 100,000 pieces, that is 40,000 pieces more than what we bought last year.

(10) Our commodities have been improved in both quality and design. I'm sure you'll be interested in them.

3. Complete the following dialogue according to the Chinese given.

A:(1) _____(我们知道纺织品是贵公司的传统出口产品), so we'd like to order some skirts.

B: I'm glad to hear that. (2) _____(我们的产品一直以来就以质量一流、图样新颖而闻名). What color do you want?

A: Red, white, blue and yellow.

B:OK. (3) _____(要多少数量)?

A: I'm thinking of buying a lot. Let's say 100,000 pieces of each color, that is 400,000 pieces. (4) _____(请报价).

B: Here's the price catalogue. Please have a look.

A: Thank you. (5) _____(我认为你方价格是公道的,但不知你方是否能再给我们折扣)?

B: As a rule,(6) _____(我们只给老客户和大量订购的客户予以折扣), because our products are really high in quality and low in price.

A:I can understand it,(7) _____(但是10万件也不算少).

B: Well, (8) _____ (由于我们是首次合作),we decide to give you a special discount of 1%.

A: Thank you very much. In this way, the wholesalers and retailers in our region will make every effort to push sales of your products.

有关第三节

1. Translate the following negotiation dialogue into Chinese with the reference to the sorting-out.

A: I'm told that you'd like to know something about the packing of the girandole. Is that right?

B: Yes, the main purpose of my visit is to see the samples of the packing.

A: Oh, we've made great improvements in our packing.

B: Is that true? Packing has a close bearing on our sales.

A: Right. Packing also affects the reputation of our products. It is important for us to enter the international market.

B: Absolutely. After all, China is already a member of the WTO.

A: Please have a look at the sample packing.

B: We are satisfied with the design, but would you like to make some improvement in the color? Children like rich and fresh colors, you know.

A: Right. I believe our new packing will meet your demand.

B: Fine.

2. Translate the following negotiation dialogue into English with the reference to the sorting-out.

A: 下面我想就包装问题讨论一下。关于鱼食的包装,我方希望能用木箱打包,因为上次我们接到的货物中有几件受潮了。

B: 是的,我们也注意到了这一点,而且我们这次已经改进了包装。虽然我们仍使用纸箱,但这次我们在纸箱的内部做了塑料层。每个小包都单独用聚乙烯纸包好,每两打再用纸盒包装。此外,在纸板箱表面打上"保持干燥"字样。因此,我们认为纸板箱已足够安全了。如果你们想用木箱,我们当然可以用,但费用会高得多。

A: 噢,这样就好办了,那就还用纸板箱吧。这批货物要运到两个不同的港口。

B: 那么,你们得承担分批运输的额外费用。

A: 我们愿意为此付额外费用,只要你们马上运货。

B: 我们收到信用证后会马上安排运输。

有关第四节

1. Complete the following negotiation dialogue according to the Chinese given.

A: _____(是否有转运的可能)?

B: Well, transshipment adds to the expenses, risks of damage and sometimes may delay arrival, _____ (因为到中国的船运舱位一贯很紧张). Anyhow, we'll try.

A: _____(我们更喜欢直航的运输方式), but if you can't get hold of a direct vessel, we have no choice but to make the goods transshipped.

B: Yes, we fully understand this, and we'll find out the situation about the connection steamer right away.

A: As far as I know, Ben Line Containers Ltd. _____(有一班船大约在7月的中旬从纽卡斯尔驶往中国). If you could manage to catch that vessel, the problem would be settled.

B: It's very difficult for us to accept a designated on-carrier. _____(很多因素会导致货物错过预期的航行日期). Besides, are you sure the vessel will call at Qingdao? And is it already carrying a full load?

A: I think if we start immediately, there is still hope. And if worst comes to worst, please ship the goods to Dalian. _____(以大连作为一个备用的目的港,怎么样)?

B: Excellent. Then, what would you say if we put it like this: " _____(第一批货物将在7月中旬由最早的轮船运送) Transshipment may be allowed at Newcastle. _____(目的港是青岛或大连)"?

2. Translate the following negotiation dialogue into English.

Allen: 你方何时能装运货物?

Tanner: 12月。

Allen: 你方有无可能即期装运?

Tanner: 恐怕不能。我们厂家目前大量承约,我方不敢超出生产计划能力。我不能给你一张肯定会被银行退票的支票。

Tanner: 我方能做的就是11月底装运。

Allen: 我这样说吧,我方同意按船上交货价达成交易,即使你方11月底交货,我方还需过关,这将花两个星期的时间。如果你方提前两至三周交货,一切都会好的,我方将能赶上销售旺季。

Tanner: 好吧,因为这是第一笔生意,希望我们能达成交易。我将与厂家取得联系,请他们尽最大努力于11月中旬交货。一些其他订单也许将被取消。我方将与你方保持联系。

Allen: 你太好了。期待早日收到你方的装船通知。

有关第五节

Complete the following sentences according to the Chinese given with the reference to the sorting-out.

(1) There are three basic covers, i. e. Free from Particular Average, _____(水渍险) and All Risks.

(2) The WPA insurance _____(所负的责任比平安险要宽些).

(3) If we conclude the deal on CIF basis, _____(你们负责投保哪种险别)?

(4) As to the goods priced on CIF basis, we insure _____(以发票金额的110%投保一切险).

(5) _____(交货不到险是特别附加险), for which extra premium will be charged.

(6) If on deck loading is specified, _____(保险率是否会高些)?

(7) The purpose of insurance is to guarantee the safety of the goods and _____(保证投保人的利益).

(8) Generally speaking, the buyer _____(购买附加险)only when he feels necessary.

有关第六节

1. Read the passage of Haggling Is 4 Strategy again and then judge if the following statements are true (T) or false (F) according to the writer's view point.

(1) Haggling is a market skill and it can be learned by practice.

(2) Negotiation of price is not a very tough job.

(3) Bidding extremely low can usually make the sellers reconsider their first offer, so as to lead to a reducing price.

(4) Once the sellers decline you, the deal is hopeless.

(5) Add-ons can not be a device unless the seller agrees to negotiate on price.

(6) Homework is necessary for haggling.

2. Fill in the blanks with proper words or phrases with the reference to the sorting-out.

(1) _____, our price remain unchanged.

(2) I am afraid _____ as it is much lower than the ones in the same category.

(3) Since our native source is dependent, _____ we purchase the stuff at such a high price.

(4) How about _____ as for the business to be pulled through?

(5) There is a great rise in recent market, but our price remains _____.

3. Translate the following dialogue into English with the reference to the sorting-out.

A:你们的报价比我们原先期待的要高得多。

B:的确,我们今年的报价比往年要高。但是,这符合国际市场走向。再说,和同类产品相比,我们的报价还是低很多。

A:我恐怕不能同意你的这一说法。我可以拿出更低的报价给你看。

B:考虑价格时,还应考虑到质量。那些货物价格虽低,但质量不如我们。

A:我很清楚,你们产品的质量是好些。但是,我没法说服客户出这么高的价。

B:如果我是你,就不会这样担心了。我向你保证,我们的价格是非常优惠的,而且我们的产品符合国际走向,销量不会成问题。

A:你们报价的有效期是多久?

B:依照惯例,三天。希望你们赶快作出决定。

有关第七节

1. Translate the following negotiation dialogue into Chinese.

A: How do you propose to pay?

B: We always pay by check 30 days after delivery.

A: Don't you mean after "dispatch"?

B: Yes, I think it does not really matter much. We have our own trucks to go to our supplier's plant to receive the products.

A: For international transactions, that will not do. For our exports, we always ask for a letter of credit.

B: That is too cumbersome and expensive. We can wire you the money right after we receive the products.

A: That is frankly not acceptable to our company.

B: An L/C is not acceptable to us. It ties up our money for a long time, and it is also expensive. It only profits the banks.

A: It is our policy to insist on an L/C.

B: I doubt whether our company can accept your proposal.

A: I do not know whether there is a midway point which satisfies both parties. Let our financial experts discuss and try to find a solution. Is that OK?

2. Translate the following negotiation dialogue into English.

A:李先生,除了用人民币付款外,我们已经谈妥了有关这笔交易的所有事项。现在,能不能请你解释一下如何用人民币付款?

B:我们在越南、阿富汗、马里、毛里塔尼亚、尼日利亚及赞比亚的许多商界朋友都用人民币支付我们的出口货物。这很容易做到。

A:我知道有些人是这么做的。但是,对我来说,这是新做法。我从来没用过人民币付款。用美元付款很方便,而用人民币付款可能会有些麻烦。

B:现在世界上许多银行都可以开立人民币账户。他们可以开立信用证,并且用人民币支付。你去银行咨询就可知道,他们会替你办理这项业务。

A:你是说我可以在拉格斯的银行开立人民币信用证吗?

B:当然可以。你可以在拉格斯的国民银行凭我们的销售确认书或合同开立人民币信用证。

A:我知道了。非常感谢!

有关第八节

1. Fill in the blanks with proper words or phrases given below.

| handle | arbitration | effective | discrepancy | penalty | breach |
| lodge | include | entitle | claim | attitude | concern | deliver |

(1) Clauses concerning _____ in an import or export contract usually include discrepancy and claim clause and _____ clause.

(2) _____ and claim clauses are usually stipulated to guard against the quality, quantity or package of the goods _____ by the seller do not comfort to the contract.

(3) In addition to stipulating that if any party _____ contract, the other party is _____ to lodge a claim against the party in breach, discrepancy and claim clause also _____ other clauses.

(4) There are mainly proofs presented when _____ a claim, the amount of money claimed and _____ period for filing a claim, etc.

(5) With regard to claim and settlement, all parties _____ should have amicable, practical and realistic _____.

(6) In a word, a claim should be carefully and skillfully _____ so as not to resort to _____.

2. Translate the following dialogue into English.

A:我很遗憾地说,你们的上一批货不能令我们满意。货物运抵后,经检查,短重10公吨。

B:既然短重发生在运输途中,我想船运公司应该对此负责。

A:但是,我们的卸货报告上标明总共是5000箱,这一数字和提单的数字相吻合。同时,检验报告上说货物的外部情况完好无损。

B:那么,你认为发生短重的原因是什么呢?

A:我认为这批货物在包装前没有达到所规定的干燥程度。

B:可是,我们的商检局出具的报告说这批货物符合出口标准。

A:你知道我们的检验人员是完全按照合同规定对货物进行检查的。我们认为你们应该赔偿我方的损失。

B:在我看来,发生短缺重量很可能是由于在运输途中货物蒸发造成的。这是我们没法控制的。但是,考虑到我们之间的友好关系,我们准备赔偿你们2吨的货物,你看怎么样?

A:好吧,我同意你方的建议。但是,希望今后你们能改进包装,避免货物在运输途中蒸发。

B:谢谢你的建议。我们一定会设法改进今后交货的包装。

有关第九节

1. Fill in the Sales Confirmations in English with the particulars given below.

资料如下:

(致大卫公司)敬启者:

很高兴从您6月25日的来信中得知您已接受我方6月14日的报盘。作为答复,我方确认向贵公司出售2,000打男式T恤,每打港币135元,香港CIF价,每打装一纸盒,每10盒装一大纸箱,由卖方按发票金额110%投保一切险及战争险。货物2010年8月从中国港口运往香港地区,唛头由我方决定,以不可撤销的、保兑的即期信用证付款,信用证必须在装运前30天到达我方。按照惯例,信用证有效期为装船后15天在国到期。

兹随函将我方7月2日在北京所签第315号确认书一式两份寄给你方,望查收。请会签并退回我方一份。

中国纺织品进出口公司

经理:×××谨上

2010年7月5日

Sales Confirmation

No.

Sellers:

Buyers:

This Contract is made by and between the buyers and the sellers, whereby the buyers agree to buy and the sellers agree to sell the under-mentioned commodity according to the terms and conditions stipulated below:

Commodity:

Specifications:
Quantity:
Unit Price:
Total Value:
Packing:
Insurance:
Time of Shipment:
Port of Shipment:
Port of Destination:
Shipping Marks:
Terms of Payment:
Done and signed in   on this   day of   , 2010.

2. Act as the interpreter between the two.

A:怀特先生,你一定看过我们昨天送给你的合同初稿,是吧?

B:Yes.

A:你觉得有什么地方需要修改吗?

B: Yes. I think one more condition should be added to the L/C clause.

A:加什么条款呢?

B: It should be added in the contract that "The letter of credit shall be valid until the 15th day after shipment".

A:那没问题,还有什么地方需要修改吗?

B: No. You have done quite a good job.

A:要是你不介意,我马上把合同修改一下。然后,我们把合同签了。你看好吗?

B: All right. Take your time. I don't mind waiting for a while.

(After a few minutes)

A:这是我们最后的合同。在正式签字之前,你还想再看一下吗?

B:Yes,thank you.

A:你觉得怎么样?

B: It's well done. Shall we sign the contract now?

A:好的。你先请。请在这儿签字。

参 考 文 献

[1] 赖修源.我国跨境电子商务发展问题与对策[J].中国市场,2015(12).
[2] 鄂立彬,黄永稳.国际贸易新方式:跨境电子商务的最新研究[J].东北财经大学学报,2014(2).
[3] 王惠敏.跨境电子商务与国际贸易转型升级[J].国际经济合作,2014(10).
[4] 王志良.纺织品商品学(修订本)[M].中国人民大学出版社,1996.
[5] 张智清.商品学基础[M].电子工业出版社,2005.
[6] 张晓南,代丽君,徐玲玲.工业品商品学[M].中国物资出版社,2006.
[7] 顾峰.商品学理论与实务[M].电子工业出版社,2011.
[8] 魏国辰,张耀荔.机电商品学[M].中国物资出版社,2004.
[9] 黄罗兰,申志恒.服装和纺织品商品学[M].立信会计出版社,1996.
[10] 靳娟.跨文化商务沟通[M].首都经济贸易大学出版社,2010.
[11] 张炳达,陈婧,杨慧.商务与管理沟通[M].上海财经大学出版社,2010.
[12] 孙君.文化差异对国际商务沟通的影响及其对策[J].沈阳农业大学学报(社会科学版),2013(5).
[13] 罗秋菊,保继刚.参展商参展目的、绩效评估及其相关关系研究——以东莞展览会为例[J].旅游科学,2007(5).
[14] 吴虹,李珍.会展项目财务预算的编制方法探讨[J].云南财经学院学报(社会科学版),2007(4).
[15] 胡静.参展商的会展营销策略分析[J].中国会展,2009(1).
[16] 张新彦.会展营销策略研究[J].黑龙江社会科学,2007(1).
[17] 宫成倩.财务预算管理存在的问题及解决对策[J].中国外资,2013(3).
[18] 姚雪凌.电影海报设计的时代性[J].电影评介,2007(19).
[19] 王科本.海报设计中的绘画性——浅析劳特累克的海报设计[J].黔南民族师范学院学报,2004(5).
[20] 王维晓.会展创意布置之保护[J].消费导刊,2009(3).
[21] 贾玮.会展的布置理念与色彩搭配分析[J].科技创业家,2012(18).
[22] 王璐阳.接受美学视野下的海报设计[J].中共山西省委党校学报,2012(2).
[23] 桑林.论海报设计的简约合宜[J].东方艺术,2005(11).
[24] 李爽,于湛波.商务谈判(第2版)[M].清华大学出版社,2011.
[25] 袁其刚.国际商务谈判[M].高等教育出版社,2007.
[26] 黄卫平,丁凯,宋洋.国际商务谈判[M].中国人民大学出版社,2011.

[27] 徐恒醇.形式中的意味——跨文化视域下的海报设计语义文化[J].新美术,2009(5).
[28] http://baike.haosou.com/doc/5350521-5585977.html.
[29] http://baike.haosou.com/doc/5365827-5601519.html? from = 154238&sid = 5601519&redirect = search.
[30] http://baike.haosou.com/doc/5342466-5577909.html.
[31] 丁烨.企业参展管理[M].南开大学出版社,2009.
[32] 谢穗坚,张丽.浅析家具展览之展位设计的标准化应用[J].家具与室内装饰,2009(1).
[33] http://wenku.baidu.com/view/aa7eac7c90c69ec3d4bb7539.html.
[34] 高红玉.色彩在展台设计中的运用[J].大舞台,2011(7).
[35] 赵莱.将企业标识融入展台设计[J].现代营销(经营版),2008(12).
[36] 高红玉.浅谈室内设计时灯具的选择[J].河南科技,2013(7).
[37] 冷国军.现代展位设计构成元素研究[J].艺术与设计(理论),2007(7).
[38] 王卫文.浅谈会展设计中材料的合理运用[J].大众文艺,2013(21).
[39] 郑蓉蓉.展览会展示道具(展台)设计探析[J].科协论坛(下),2013(2).
[40] 贾功华.现代商业展示设计对企业品牌形象作用的研究[D].山东轻工业学院,2009.
[41] 段杏莉.现代展位设计之浅见[J].商场现代化,2007(25).
[42] 肖勇.国际贸易与单证实务[M].华中科技大学出版社,2013.
[43] 耿民,孟广芬.商务英语谈判[M].北京理工大学出版社,2009.
[44] 秦川.商务英语谈判[M].中国对外经济贸易出版社,2003.
[45] 浩瀚.商务英语谈判900句典[M].机械工业出版社,2008.

附录　国际商会促进商务谈判准则

《国际商会促进商务谈判准则》适用于各种类型和期限的商业合作,为建立和加强富有成效的合作伙伴关系提供指导。由于国际贸易往来的多样性和贸易参与方的千差万别,《国际商会促进商务谈判准则》也将因不同场景发挥不同作用,其适用性大致如下:

(1) 作为帮助贸易双方在商务谈判筹备和进行阶段核对有关事项的对照清单。

(2) 作为商务谈判各方可参照的基本行为指南。

(3) 作为商务谈判各方可参照的操作手册。

贸易双方在进行商务谈判或拟定合作协议时,除运用《国际商会促进商务谈判准则》以外,还可以配套使用国际商会制定的相关工具,包括各种标准合同、国际贸易术语解释通则、跟单信用证和见索即付保函规则、国际商会仲裁规则和非诉讼纠纷解决程序等。这些国际规则反映了国际贸易实务,在全球范围内被广泛认可。

《国际商会促进商务谈判准则》共 11 条:

1. 精心准备

(1) 在团队中选择合适人选,明确谈判目标,并回顾与谈判对手所在企业的合作历史。

(2) 尽可能了解你的谈判对手,同时评估对方所处的商业环境。考量对手可能的兴趣点、优先事项、不足以及授权的范围。

(3) 作好与谈判对手讨论各种可能适用于此次交易的法律规则的准备。

2. 考虑文化差异

(1) 了解谈判对手所在地的商业习惯。

(2) 敏感认知根植于自己文化的生意习惯和判断。

(3) 养成不断质疑自己的判断并揣摩谈判对手可能作出的判断的习惯。

(4) 谨记处理好文化差异的重要性。

3. 与谈判对手尽早敲定谈判流程,为达成更多实质性的共识铺平道路

与谈判对手尽早敲定谈判流程和操作细节,如时间表、谈判地点、谈判议

程、谈判语言、谈判参与人员名单和文书起草责任归属等。

4. 合理配置人力和技术资源

(1) 考虑清楚需要参加谈判或预备支持人员,如对谈判事务有权的决策者、资深技术专家、翻译、法律文件起草人、税务顾问和当地的法律顾问等。

(2) 确保谈判团队的稳定性以避免人员调换。

5. 与谈判对手建立开放可靠的合作关系

(1) 商业交易常常会涉及长期的、合作环境会因时因地不断变化的义务。当事人之间良好的合作关系能使双方更加容易相互理解并有效地满足对方未来的需求。

(2) 公开透明的行为和力争解决问题的诚意将有助于提升谈判的实效性。

(3) 创造有效的工作环境并不需要谈判对手之间是朋友。

6. 诚信行事

(1) 你并不需要公开一切,但你说的都应是真实的。

(2) 谎言或有意误导将使合作陷于困境,使现有的合作关系破裂并影响到自己在商界的声誉,甚至可能招致法律制裁。

(3) 你的价值观和诚信将向谈判对手释放积极信号,表明你的认真态度。

7. 掌控情绪

(1) 主动行动而不是被动反应,以不受谈判对手挑衅的影响。

(2) 认为你的合理可靠的谈判对手可能请你提供帮助,使你们达成合作协议,而不会因为出于傲慢或害怕隐匿信息,导致达成不切合实际的协议,或根本达不成协议。

8. 灵活变通

(1) 与谈判对手一起创造性地思考如何优势互补、实现双赢。

(2) 只有互利共赢,才能长久合作。一方获利失衡,将使另一方无法履行协议。

(3) 理解谈判对手可能面临的难处,有利于建立经久稳固的合作关系。

9. 作出现实承诺

(1) 只承诺自己真正意在承担的责任是谈判双方喜闻乐见的。

(2) 明确谈判对手的权限:人们可能会夸大自己的权限并作出无法实现的承诺。

(3) 明确自己的底线,清楚何时离开谈判桌,因为你可以在其他地方找到更合适的商机。

10. 确认协议,确保共识

在谈判结束前,与对方重新梳理和确认已经达成的共识,解决任何存在的分歧。

11. 作好谈判失败的准备

(1) 出于各种谈判双方可控或不可控的原因,谈判可能无法达成协议。

(2) 作好谈判失败的准备,准备与你的谈判对手讨论其他替代方案。